KB260706

퇴직은 있어도 은퇴는 없다

권순용 지음

퇴직은 있어도 은퇴는 없다

초판 1쇄 인쇄일 2017년 5월 24일
초판 1쇄 발행일 2017년 5월 31일

지은이 권순용
펴낸곳 도서출판 유심
펴낸이 구정남 · 이헌건
마케팅 최진태

주소   서울특별시 마포구 서강로 133(노고산동 57-39) 병우빌딩 8층 811호
전화   02.832.9395
팩스   02.6007.1725
URL   www.bookusim.co.kr
등록   제2016-000278호(2014.7.8)

ISBN   979-11-87132-11-0 13320
값   13,000원

전직 컨설팅 들여다보기

퇴직은 있어도 은퇴는 없다

전문 컨설턴트가 들려주는
올바른 이직/전직/퇴직 실제 사례들

권순용 지음

도서출판 유심

머리말

우리는 퇴직이나 전직, 이직, 인생 2모작 등에 대한 책과 칼럼 그리고 많은 이야기를 접한다. 앞으로 대략 20~30년간 단군 이래 가장 많은 퇴직자가 세상에 나오리라는 요즘 상황을 반영하는 것이라 생각한다. 당연히 그럴 것이다. 한 가지 아쉬운 점은, 그렇게 세상에 나올 이들의 서러움과 눈물, 그들이 맞이하게 될 인생 후반전에 대한 두려움은 거론하면서 정작 어떻게 하자는, 어떻게 해야 한다는 현실적이고 실무적인 내용은 많이 부족한 듯싶다는 것이다. 출산율을 걱정하고, 대학교 구조조정과 청년실업은 논의의 장에 내놓으면서 청년, 장년 그리고 중년의 퇴직 후 인생을 보듬는 분위기는 많이 부족해 보인다.

이 책은 최근 몇 년간 필자가 직간접적으로 경험한 이야기를 중심으로 내용을 꾸몄다. 재취업, 창업, 생애설계 각 분야에 대한 간단한 설명에 더하여 그냥 스쳐 지나가는 이야기로 놓아두기에는 아까운 여러 가지 상황과 거기서 얻을 수 있는 교훈들을 적어보았다. 아카데믹하거나 학문적 접근보다는 피부에 와 닿는, 가슴에 와 닿는 현실을 말하고 싶었다.

구조조정을 하면 사장부터 사원까지 회사를 떠나야

한다. 회사를 떠나는 젊은 가장들의 하소연에 답해주고, 조기 퇴직하는 경우라면 어떤 지혜로운 길이 있는지 말해주고 싶었다. 나이 든 정년퇴직자에게도 조금이나마 더 의미 있는 해결방식을 내보이고 싶었다. 나중에 본인의 삶을 뒤돌아보면서 "꽤 괜찮은 인생이었어"라는 말을 하고 싶다면, 단언하건대 퇴직 이후 특히 인생 후반전이 풍요로워야 한다. "내 인생 황금기는 퇴직 이후였어"라고 말할 수 있어야 한다. 그러려면 본인이 주도적으로 평생 자신이 할 일에 대한 밑그림을 어느 정도 미리 그리고 있어야 한다. 하지만 '비자발적 퇴직'은 평생에 한 번 있을까 말까 한 큰 사건이니, 사전에 경험할 수도 없는 일이다. 그러니 더욱더 이런 상황을 잘 아는 사람의 충고에 귀를 기울이고, 앞서 겪은 사람들의 시행착오를 거울 삼아 수풀 속 오솔길을 요령 있게 걸어가야 한다. 이 책이 '비자발적 퇴직'을 앞둔 혹은 막 겪고 있는 이들의 오솔길이 되기를 기원한다.

'인제이매니지먼트' 이태형 대표와 구성원들의 절대적 지지와 후원에 다시금 감사의 인사를 보낸다. 그들의 경험을 전수받고, 지혜를 나누어 받지 못했다면 이 글을 쓸 엄두도 내지 못하였으리라. 그리고 책을 쓰는 데 큰 도움을 준 아내와 두 아이들에게도 고마움을 전하고 싶다.
그리고 이 책을 함께 읽고 수풀 속 오솔길을 찾아 걸어갈 모든 이들에게 힘찬 응원을 보낸다.

2017년 4월 권 순 용

목
차

part 2

재취업과 창업에 대한 이야기

part 3

전직을 위한 가이드

목
차

part 4

한국의 퇴직자 현황

epilogue

prologue

다니던 직장을 그만두거나 다른 직장을 구하는 건 엄청난 스트레스를 받는 일이다. 워싱턴의과대학의 토마스 H. 홈즈 박사의 연구 결과에 따르면 '인생의 사건' 면에서 배우자의 사망을 100으로 보았을 때 각기 다른 상황에 해당되는 스트레스 척도는 다음과 같다.

스트레스 척도

(항목: 총 43개, 척도 100~11, 순위 1~43) (요약)

순 위	1	4	7	8	10	12
항 목	배우자 사망	수 감	결 혼	해 고	퇴 직	임 신
척 도	100	63	50	47	45	40

이 표에서 주목할 사항은 '배우자 사망'과 같은 개인적 사항이 아닌, '사회성'을 나타내는 항목 가운

데 유독 '해고'의 순위가 가장 높다는 것이다. 이것은 그만큼 해고, 퇴직, 이직이 삶의 어려운 고비임을 말하고 있다.

그럼에도 아직 우리나라에서는 이런 어려움을 각 개인이 '알아서' 헤쳐 나가고 있는 실정이다. 선진국에서는 대략 퇴직자의 40%가 기업의 비용으로 전직 지원 서비스를 받고 있다. 필자가 소속된 인제이매니지먼트의 고객사인 글로벌 기업('Fortune 500'의 72%인 약 360개 회사)들은 '비자발적 퇴직'인 경우 직급, 직책에 관계없이 퇴직자를 위한 '전직(轉職) 서비스'(outplacement service)를 퇴직 패키지에 포함시키고 있다.

퇴직 컨설팅의 요체는 변화관리, 정확한 목표 설정 그리고 합리적인 추진방안의 적용이다. 이직을 개인적으로 진행하는 경우 성공률이 낮은 이유는 직관적으로 목표를 세우고 저돌적인 실행을 추구하기 때문이다. 특히 변화관리의 중요성은 이 책 전편에 흐르고 있는데, 이를 행하지 않았을 때 벌어질 수 있는 폐해는 우리의 생각보다 훨씬 더 심각하다. 효율적 추구방안을 얻기 위해서는 여러 가지 방법을 잘 이해하고 각자에 맞게 유연하게 구성하는 것이 중요하다.

오랜 시간 동안 퇴직 컨설팅의 힘을 직접 보고 느낀 필자는, 특히 구직이 어려워진 요즘 상황에서 그동안의 컨설팅 과정을 통해 얻은 정보와 지식을 많은 퇴직자들에게 전하고자 한다. 또한 실제로 퇴직 컨설팅을 받는 것과 유사한 효과를 얻을 수 있도록 가능한 한 직간접적으로 경험한 살아 있는 실례를 언급하고자 했다. 아무쪼록 많은 분들이 활용하기 바란다.

파트 1

퇴직과 전직에 연계된 '변화관리'에 대해서

'하프타임'에는
무엇을 하나?

퇴직을 했다. 축구 경기로 치면 전반전이 끝났다. 1:0으로 이기고 있다고 즐거워하거나 0:1로 지고 있다고 넋 놓고 슬퍼하면 안 된다. 왜? 후반전이 있으니까. 그리고 경기 결과는 후반전 포함이니까.

2002년 월드컵 4강 신화의 히딩크 감독은 전지훈련 당시 시범경기에서 5:0으로 졌다. 그 후 언론에서는 '오대빵'이라는 별명을 붙이고 질타를 해댔다. 하지만 히딩크는 흔들리지 않고 훈련을 계속했다. 향후의 결과에 대해 비전을 가지고 있었을 뿐 아니라 의미 있는 결말도 이미 알고 있었기 때문이다. 그리고 마침내 한국 축구의 신화를 썼다. 그는 본선에 들어가기 전 하프타임(half time)에 무엇을 해

은퇴는 없다

야 하는지 정확히 알고 있는 감독이었다.

퇴직을 하면 무엇이 달라질까? 우선 생각할 수 있는 것은 월급(급여)이다. 이제는 월급날이 되어도 더 이상 통장에 월급이 들어오지 않는다. 착잡하고 서운한 생각이 날 것이다. 그 다음은 상당히 많아진 여유시간이다. 직장생활을 할 때는 주말이 그렇게 달콤할 수 없었는데, 이제는 매일이 주말 같아서 매우 어색하다. 그리고 어째 좀 우울하기도 하다.

요즘 서울시내 교통 중심지와 지하철역 주변에 당구장이 눈에 띄게 늘어나고 있다. 젊은 세대가 갑작스레 당구에 심취한 것 같지는 않다. 아마도 '늙은 세대'인 퇴직 전후의 사람들이 묘한 향수와 더불어 여유시간을 저렴한 비용으로 소비할 수 있는 당구장을 많이 찾고 있기 때문이라고 보인다(당구장에서 짜장면을 먹어본 세대는 무슨 말인지 알 것이다). 여행도 다녀오고, 학원에도 나가고, 못 만났던 옛 친구와 동창도 만난다.

그러다 문득 깨닫게 된다. 어라, 수입은 없는데 곶감 빼먹듯이 자꾸 돈이 나가네? 그러고는 생각한다. '무엇이든 내가 할 만한 일이 없을까?'

하프타임은 평생 내가 할 일을 발견하라고, 긴 시간은 아니라도 좋으니 몰입해서 생각해보라고 신께서 주신 기회다. 약간의 퇴직금이 밥은 먹게 해주고, 내 스스로 내게 상으로 주는 휴식의 기간이 있고, 늦잠 좀 잔다고 (한동안은) 누가 뭐라 할 사람도 없다. 그 시간을 마구 허비해서는 곤란하다.

우선 내가 할 일을 찾는 생각의 틀은 'must / can / want' 세 가지 조건의 융화다.

젊은 시절 할 일을 찾는 우선적 조건은 must나 can이었다. 대학을 졸업했으니 밥벌이를 위해서라도 직장에 나가야 했고(must), 대학 시절 전공에 따라 별 고민 없이 직장을 선택했다(can). 그런데, 인생 2모작을 시작하는 지금, 내가 잣대로 삼아야 하는 것이 아직도 must와 can일까? 하지만 그렇다고 해서 요즘처럼 어려운 재취업 시장에서 내가 원하는 것(want)을 한다는 건 어불성설(語不成說)이 아닌가? 그냥 주어진 일을 하는 것이 속 편하지 않을까?

그렇지 않다. 하프타임에는 인생에서 처음이자 마지막으로 내가 원하는 일을 생각하고 준비해야 한다. 축구에서 전반전이 끝나면 선수를 교체하거나 선수 포메이션(formation)을 변경한다. 전반전 성적과 상대편의 후반전 전략을 고려해서 작전에 변화를 주는 것이다.

인생 후반전의 전략의 중심은 want에 있어야 한다. 그렇지 않으면 후반전이 엉뚱한 방향으로 간다. 전반전에 본인 의지대로 살지 못했다고 생각하는 사람일수록 더 이상 타인의 시선에 매달리지 말고 원하는 일을 시도해보자.

내가 원하는 일이 무엇인지 정확히 모르겠다면 몇 가지 질문을 마음에 던져보자.

1. 마음으로 끌리는 일은 무엇인가?
2. 해오던 일과 관계가 있는가?

3. 전부터 생각하던 일인가?

4. 내 가족이 지지해줄 수 있는가?

(이상은 인제이매니지먼트에서 활용하는 '일 찾기'의 가장 간단한 methodology이다.)

이 과정을 통해 내가 할 일이 무엇인지에 대한 최종 의사결정을 스스로 해야 한다. 여기서 많은 사람들이 간과하는 것은 배우자와 가족의 응원이다. 그들의 도움 없이 '나의 일 찾기'는 힘들다. 사실, 답은 이미 내 마음속에 내재해 있다. 내가 할 일은 깊은 통찰을 통해 그것을 끄집어내고, 그것이 정말 내가 원하는 것인지 확인하면 된다. 내 안의 목소리를 솔직하게 여과 없이 들어보자.

하프타임에는 무엇을 하는가? 내가 원한다면 죽을 때까지 할 수 있는 일을 찾는다. 아니면 적어도 그 일에 대한 희미한 실루엣이라도 잡아내야 한다. 축구의 하프타임처럼 정해놓은 15분일 필요도 없다. 충분히 시간을 쓰면서 고민해보자. 이 일을 인생의 하프타임 때 해놓지 않으면 평생 후회하게 될 것이다.

내 나이가
어때서

상담을 하다 보면 자꾸 '나이'를 거론하는 고객이 의외로 많다.

"뭐 이 나이가 돼서 할 일이 있겠어요? 고생스럽게 준비해봤자 오라는 데가 있겠어요?" 심지어는 50대 초반인데도 "이런 일도 뭐 다 젊어서 하는 것이지 이제 이 나이에……"라고 말하는 고객도 있다.

한식집으로 정평이 나 있는 '한일관'이란 음식점이 있다. 불고기, 냉면 등의 옛 추억이 솟아나는 여러 음식을 정갈하게 내놓는다. 송추에 가면 '송추 가마골'이란 대중음식점이 있는데, 주말이면 수백 명이 이곳을 찾는다.

잘 되는 음식점은 반드시 잘 되는 이유가 있다. 숱한 이유가 있겠으나 이 두 음식점의 공통사항은 경

은퇴는 없다

험 많은 '아줌마'들이 서빙을 한다는 점이다. 고등학생이나 잘생긴 대학생들이 고깃집에서 아르바이트하는 경우를 종종 본다. 열정은 있으나 경륜이 없다. 반면에 중년을 넘은 아줌마들의 세월에서 우러나오는 서비스는 어르신들이 많이 찾는 이 두 음식점의 중요한 경쟁력이다.

청년실업이 문제가 되고 있다. 그런데 가게 주인 입장에서는 같은 값이면 믿음직한, 경륜이 있는 중장년을 고용하고 싶으니 이를 어쩌랴. 생각을 바꾸시라. '나잇값'이 진짜 값을 하는 시절이 오고 있다. 더 이상 나이를 탓하지 마시라. 더 많은 직종과 더 많은 일자리는 '젊음'이 아니라 경륜이 차지하고 있다.

1948년생인 도올 김용옥은 49세의 나이에 원광대학교 한의학과 졸업장을 받았다.

세일즈맨, 피아노연주자를 전전하던 레이 크록이 1954년 맥도날드 체인점을 세워 훗날 억만장자의 기틀을 마련한 때는 53세였다.

전쟁에 나가 왼손이 불구가 되고(그나마 오른손이 있어 다행이라 하였다) 해적에게 끌려가 5년간 노예 생활을 했고, 회계원으로 회사 생활을 하다가 공금 계산 착오로 감옥에까지 갔던, 그야말로 별볼일없는 인생을 꾸려가던 스페인의 미겔 데 세르반테스가 1604년 《돈키호테》라는 불후의 명작을 세상에 내놓았을 때 그의 나이는 57세였다.

잘 나가던 유명 영화배우 클린트 이스트우드가 원하는 일을 해보겠다고 과감하게 전직 선언을 하고 캘리포니아의 조그만 휴양도시 카멜(Carmel)의 시장이 된 것은 그의 나이 57세 때였다.

전설적인 골퍼 톰 왓슨이 2009년 브리티시 오픈에서 연장전 끝에 준우승을 차지했을 때 그의 나이는 무려 61세였다. 우승자는 36세의 스튜어트 싱크였다.

비틀스의 멤버였던 폴 메카트니가 2014년 그래미 어워드에서 최우수 록뮤직상을 받았을 때, 그의 나이는 72세였다. 2015년 5월 그가 내한 공연을 했을 때, 그의 공연을 보면서 73세 할아버지라고 생각한 사람은 아마 아무도 없었을 거다.

아카데미 여우주연상을 무려 네 번이나 받은 위대한 여배우 캐서린 햅번은 26세 때 최초의 오스카상을 받았고, 네 번째 오스카 트로피를 들어올린 것은 74세 때였다.

정말 그렇다. "내 나이가 어때서……."

퇴직 후 가장 하고 싶은 것

퇴직한 사람들이 제일 하고 싶어 하는 일은 무엇일까?

여행이다. 고객과 상담을 하다 보면 그들이 퇴직 직후 다양한 여행을 다녀왔음을 알게 된다. 국내 여행, 해외 여행, 골프 여행, 해외 친지 방문, 성지 순례, 명승지 트레킹, 캠핑, 올레길 순례 등등 종류도 다양하다.

여행은 퇴직자들에게 필요하다. 머리를 식힐 수 있을 뿐만 아니라 같이 가는 가족이나 친구들과 그동안 나누지 못했던 많은 이야기를 나눌 수 있다. 다만 주의해야 하는 것은 풀어놓고 내려놓는 여행을 가야지 쇼핑과 관광이 주된 목적이면 되레 머리가 복잡해져서 돌아오는 경우도 왕왕 있게 된다. 태국이나 필리핀 골프 여행, 중국 5대 명산 방문, 캐나다에 있는 친척 방문, 히말라야 트레킹, 북극 오로라 보러 가기, 일본 북해도 일주, 곧 사라질 위험에 처해 있다는 인도양 몰디브 가보기, 페루 산상 도시 쿠스코와 마추피추 여행, 프랑스 프로방스 지역 맛집 순례, 유명한 스페인의 산티아고 순례길……. 이런 해외 여행만 있는 것은 아니다. 전철 타고 춘천이나 온양온천 가보기, 시내버스나 지방버스로만 서울에서 부산까지 가보기, 무궁화호 '하나로 패스'로 3일간 마음대로 기차여행하기 등등 국내 여행을 다녀온 사람도 많았다. 국내 여행파 중에는 유난히 제주도에 다녀오겠다는 사람이 많았다.

그 다음은 취미생활이다. 기존 취미활동에 더욱 힘을 기울이는 심화형이 있고, 여건이 되지 못해 해보지 못했던 취미생활을 새로 시작하는 신규형이 있다. 심화형의 대표는 등산, 낚시, 골프, 수영이고 신규형은 어학공부, 헬스클럽, 성경공부, 텃밭 가꾸기, 악기 연주 등이 있다.

날 잡아서 3일 연속 골프를 쳤다는 사람도 있고, 미루었던 태백산맥 종주를 시도하거나 남해안 무인도 밤낚시를 하고 온 사람도 있다. 특이한 사항은 어학공부를 새로 시작하는 경우, 대부분 중국어를 배운다는 것과 악기 연주의 경우 색소폰을 선택하는 경우가 의외로 많다는 것이다.

취미생활은 아니지만 사회봉사활동에 새롭게 참여하는 고객도 많이 보았다. 인터넷을 보면 취미 동호회만큼이나 봉사 동호회도 많다. 퇴직하는 중장년이 늘면서 사회가 보다 건전해지고 있다고 보면 너무 과한 생각일까?

어깨 힘을 빼라.
개도
은퇴한다

'ㅅ'회사 출신의 박 부장은 퇴직한 후 전직 지원 서비스를 받기 위해 우리 회사에 한동안 오게 되었는데, 여전히 회사를 다니는 듯한 모습을 보여주었다. 오전이면 양복 정장을 입고 우리 회사의 부스로 출근하고, 우리가 준비한 거의 모든 강의에 마치 아직도 회사에 다니면서 회의에 참석하듯 적극적으로 참석했다. 참고로 우리 회사에서는 프로그램에 등록한 퇴직자에게 문서 작업 등 필요한 일을 할 수 있도록 PC와 복합기가 갖춰진 부스나 사무공간을 제공하고 있다.

문제는 박 부장이 아직도 퇴직 전 회사에서 협력업체 직원을 대하듯 주위 사람들을 대하거나 특권의식을 은연중에 보여준다는 점이다. 담당 컨설턴트에게 불평과 푸념을 쏟아붓는 경우도 종종 있었다.

그런데 그 내용은 좀 이해하기 힘이 들었다. 왜 (다른 회사 출신들을 제외시키고) 자신에게만 별도로 강의를 해주지 못하느냐는 것이었다. 입시학원에 가서 과외공부를 요구하는 것과 같은 이런 태도는 최근 언론에서 말하는 '갑질'의 그림자가 보이는 대목이다.

모든 이들이 그런 것은 아니지만 대기업 출신 임직원들에게서 때때로 볼 수 있는 이러한 언행은 퇴직 이후에도 속칭 '어깨 힘을 빼지 못해서' 일어나는 경우가 대부분이다. 전직 컨설팅 서비스는 그래서, 변화관리(change management)부터 시작하게 된다.

변화관리는 "당신은 이제 회사를 나왔으니 숨 죽이고 다녀야 한다"라는 것이 아니다. 세상 모든 것은 변화한다. 그러니 겁내지 말고 다시 한 번 변화하라는 말이다.

18세기 말 오스트리아의 대중음악은 무엇이었을까? 모차르트의 오페라《피가로의 결혼》을 떠올리면 된다. 우리가 클래식이라 분류하는 그런 음악이 당시에는 이른바 '팝송'(pop song)이었다는 말이다. 그런 팝송이 이제는 힙합에 이르기까지 변화하게 되었다. 지금 시대의 대중과 고객이 원하는 음악으로 바뀐 것이다.

변화하지 않는 것은 도태되기 마련이다. 대학을 나와 회사에 입사한 것이 앞서 실천한 변화라면 그 회사를 나온 것도 변화다. 입사하면서 회사에 적합한 사람이 되기 위해 얼마나 노력하고 배우고 익혔던가? 이제는 회사에서 나왔으니, 그때와 같은 기분으로 다른 환경에 적합하도록 노력하고 배워

은퇴는 없다

야 한다. 직업을 갖고 일하기 위해서 무려 20여 년간 수업을 받았다. 읽고 쓰고 셈하는 것을 배우고, 정치가 무엇인지, 사회가 무엇인지를 배웠고, 역사·인문·예술을 배웠다. 그리고 원하는 직업에 뛰어든 것이다.

이제 많은 시간이 흘렀다. 그동안 회사는 고잉 컨선(going concern, 계속기업)으로 지속 성장하고, 그곳에서 일했던 당신은 일정 기간 기여를 하고 떠나야 한다. 그런데 불공평하게도 20대 시절과는 달리 퇴직이라는 이번 변화에는 대응할 수 있는 수업시간이 대단히 짧다. 심지어 혼자 알아서 하라는 분위기다.

그러니 이제 겸손하게 머리를 숙이고, 먼저 독학하신 분들의 충고를 듣고, 혹 재수가 좋아 전직 컨설팅 서비스를 받을 수 있다면 성심을 다해 지도를 받는 것이 좋다. 그것이 변화관리다.

변화관리가 잘 정돈되지 못한 사람들의 직접적인 손해이자 불행은, 우선 재취업 인터뷰(면접)에서의 낮은 성공률로 나타난다. 대기업 출신은 보통 중견기업이나 중소기업 등으로 이동하는 경우가 많은데, 본인이 그쪽으로 이직을 해야 하는 상황임에도 아직 중견기업을 눈 아래 협력업체로 생각하는 경우가 많다. 그런 퇴직자들은 신기하게도 인터뷰에서 꼭 낙방을 한다. 대기업을 지속적으로 겪어왔고, 대기업에게 당한 것이 많은 이들 업체 구성원들은 본능적으로 자신들을 낮추어 보는 입사 지원자들의 생각을 귀신같이 읽어내는 것이다. 계량적으로 설명이 불가한 이러한 현상을 (퇴직한) 지원자들은 숱한 시행착오 끝에 겨우 알게 되지만, 그때는 이미 늦은 경우가 많다.

또 하나의 불행은 이것이 사회적인 이슈가 되어 그간 쌓아온 명성과 존경심을 하루아침에 무너지게 만드는 일도 있다는 것이다. 전직 국회의장이 골프장 캐디에게 부적절한 언동을 했던 사건이나 대통령 대변인이 미국까지 가서 인턴사원을 성회롱했다고 구설수에 오르게 된 사건들은, 그들이 마음을 비우고 아래 세상으로 내려오는 훈련을 전혀 하지 못한 데서 기인한 것으로 볼 수 있다. 말하자면 그냥 별 생각 없이 옛날에 하던 대로 행동거지를 취했기 때문일 수 있다는 것이다.

계속 대접받고, 진솔한 충고를 들을 수 없는 환경에 있다 보니 지금 서 있는 위치와 세상이 바뀐 것을 알기가 힘들었으리라. 그분들이 정말 어이없는 '실수'(?)를 하는 것도 결국은 변화의 흐름에 심신을 던지지 못했기 때문이다.

시각장애인을 위한 안내견도 은퇴를 한다는 것을 아는가?

최근 안내견 활동에서 은퇴한 '풍금이' 이야기다. 안내견은 10세가 되면(사람 나이로 치면 60세 이상이란다) 노령으로 인한 실수를 우려해서 더 이상 안내견으로 활동하게 두지 않는다. 안내견의 실수는 곧 장애인의 생명과 연결되기 때문이다. 그래서 안내견에서 은퇴견으로 신분을 바꾼다.

제주공항에서 마약과 폭발물 탐지견으로 활동하던 '퀸'은 11년 동안의 탐지견 근무를 마치고 일반견이 되어 자신을 받아주는 한 경관의 가정집으로 은퇴를 했다. 변화를 수용하는 것이다. 이렇게 개도 은퇴하는데 하물며…….

재취업 성공은 절반의 성공이다

장동건 부장은 세 번 만에 간신히 중견기업 재취업에 성공했다. 대기업 베트남 지사에서 영업일을 하다가 귀국해서 바로 퇴직을 하게 됐는데, 다행히 베트남에 공장을 신설하는 동종업계 기업의 본사 내 지원본부에서 현지 유통망 구축에 대한 자문역을 맡기로 한 것이다.

하지만 나는 인사차 찾아온 장 부장에게 어깨 힘 빠지는 소리를 던진다.

"이번 회사에서 몇 년 다니실 것 같습니까?"

컨설턴트는 마지막까지 직분에 충실해야 한다. 즉 사실을 직시할 수 있도록 싫지만 해야 할 말이 남아 있다. 대기업에서 중견기업으로 전직하고, 중견기업에서 중소기업으로 전직하는 경우는 대부분 그들의 네트워크나 기술에 대한 활용 요구가 있기 때문이다. G전자 출신이 G전자 협력업체로 이동하는 경우, G전자 내에 그가 알던 사람이 모두 부서를 이동하거나 퇴직할 즈음이면 자연히 그도 협력업체에서 나오게 된다. 길어야 3~5년 정도다.

그 다음에는 어떻게 되는가? 또 다른 재취업은 거의 불가능하다. 일단 60세를 전후한 나이가 될 것이고, 그때쯤 되면 그와 비슷한 이력과 경험을 가진 3~5년 젊은 후배가 버티고 있다. 지방대학의 산학협동 전문 겸임교수를 하려 해도 이미 최초의 직장과 끈이 떨어져서 졸업생 취업에 힘이 되어주지 못한다. 알고 있던 기술은 이미 새로운 기술로 대체되어 자문역도 힘들다. 도움을 주던 중소기업 사장인 동향 선배도 이제 나보다 후배인 퇴직자를 찾는다.

앞에 나온 몇 가지 글에서 계속 강조했듯이 우리의 하프타임은 '내가 원하는 기간 동안' 일할 수 있는 나만의 일을 찾는 여정의 시작이다. 하지만 재취업에 의해 주어지는 일은 내가 원하는 기간만큼 할 수 있는 일이 아니다. 재취업이 중요하기는 하지만, 단기적인 시각으로 모든 힘을 투여해서 재취업 자체에 몰입하는 것은 그 이후에 대한 목표를 설정하고 그것에 맞추어 이동하는 것보다 하수(下手)다. 재취업은 '유용한 징검다리'일 뿐이다. 일단 재취업을 하되 그 일이 자신의 목표가 되어서는 안 된다. 다만 정년퇴직을 조금 더 연장했다고 생각해야 한다. 그래야 향후 20년, 30년 동안 활용할 수 있는 나만의 영역을 발굴할 수 있다.

평생 진짜 친구는 마누라뿐이다

이런 우스갯소리가 있다.

퇴직한 남편을 집에 두고 아내가 고교 동창들과 지방으로 벚꽃구경을 떠났다. 아내가 없는 사이 집으로 전화를 건 아내 친구가 남편에게 묻는다.

"영자는 언제 집으로 돌아오나요?" 남편이 말한다. "잠깐 기다리세요." 그리고 부엌에 가서 들통을 열어보고 돌아와서는 이렇게 답한다. "콩나물국이 이틀 치 있는 것을 보니 모레 돌아올 것 같습니다."

퇴직자의 처지를 자조적으로 묘사한 내용이기는 하나 시사하는 바가 많다.

하프타임을 잘 준비해서 원하는 타이밍에 제2의 인생을 시작하는 사람들은 많지 않다. 대개의 경우 일이 꼬이고, 예기치 못했던 일이 생기고, 상당한 시간이 지나도 만족할 만한 결과를 얻지 못한다. 회사를 그만뒀다고 술 사주던 동창생 녀석의 관심도 이제는 수그러들었다. 장모님도 이제는 어떻게 되었느냐고 물어보지 않는다. 같이 회사를 그만둔 퇴직 동기들의 연락도 이제는 뜸하다. 집에서 신문이나 보고 벚꽃구경 떠난 마누라 대신 집을 지킨다. 서글프다.

그런데 꽃구경을 갔던 마누라가 그날 저녁 예정보다 이르게 돌아온다.

"자기 생각나서 꽃이 눈에 들어오지를 않더라고. 자 여기 안동소주 한 병 사왔어요." 아, 역시 마누라가 최고다.

일반 퇴직이든 정년퇴직이든 일단 상황이 전개되면 마누라(또는 남편)와 더 많이, 더 자주 소통해야 한다. 가족과 이야기하는 시간을 늘려야 한다. 술 사주는 친구보다 잔소리하는 배우자가 더 고맙고 도움이 된다. 왜냐하면 일이 어떻게 되든 끝까지 내 편이 되어주는 사람은 마누라(남편) 그리고 토끼 같은 자식들이다. 나의 평생 진짜 친구는 마누라(남편)뿐이다.

인맥지도를
그려라

마라톤의 출발선에 서 본 적이 있는가? 수많은 선수들이 대장정을 앞두고 이런저런 준비를 하느라 바쁘다. 그런데 고개를 돌려 약간 으슥한 곳을 보면 간이화장실을 볼 수 있으리라. 전 세계 어느 마라톤 대회든 출발지점에 아주 '커다란' 화장실을 준비해놓는다. 별것 아닌 것 같지만 길고긴 마라톤을 앞두고 미리 소변을 보는 것은 매우 중요하다.

세계에서 가장 유명한 자전거 경주대회인 '투르 드 프랑스' 관련한 보도사진을 보다가 'comfort break'라는 제목이 붙은 사진을 보게 되었다. 하루 종일 달려야 하는 경기인데, 관례상 선두그룹에서 소변을 본다는 신호가 오면 뒤따르던 모든 선수들이 길

옆에 자전거를 세우고 통상 'comfort break'를 갖는다는 것이다.

마라톤처럼, 자전거 경주처럼 세상 모든 일에는 꼭 미리 거쳐야 하는 과정
이 있다.

퇴직을 했다. 그리고 전직을 준비 중이다. 전직 활동이 마라톤과 자전거 경
주라면, 소변을 보는 것은 무엇에 해당될까? 그것은 태어나서 지금까지 사

람들을 만나고 교류해온 네트워킹 데이터(networking data)를 모으는 일이다. 상대방에게서 받은 명함이나 연락처 메모, 주소록, 동창회 명부, 추석 선물 리스트, 미팅 참석자 명단, 강연회 참가자 프로필, 동호회 명단, 휴대폰 번호 리스트, 청첩장 리스트, 연하장 리스트, 결혼식이나 장례식 방명록 등등 이제껏 살아오면서 옷깃을 스친 사람이나 소통하고 연락을 취했던 모든 이들의 정보를 모으는 일이다.

감히 말하건대 이러한 준비 없이 재취업, 창업, 생애설계를 준비하는 것은 거의 불가능하다.

이렇게 모인 자료들을 본인이 원하는 방식으로 1차 분류한다. 동창, 전 직장 임직원, 행정기관, 금융기관, 외국인 등 자기만의 방식이 있을 것이다. 2차 분류는 전직, 이직에 도움을 줄 수 있는 사람들을 추려서 A그룹(직접적인 도움을 줄 수 있는 사람)과 B그룹(간접적인 도움을 줄 수 있는 사람)으로 나누어 놓는 것이다. 3차 분류는 A그룹 내에서 이메일 접촉 / 전화 연결 / 방문해서 잠깐 차 한잔 나눌 대상 / 점심이나 저녁식사 / 술 한 잔 할 대상 등으로 나눈다.

이렇게 리스트를 정리한 결과, 전직과 창업에 도움을 줄 수 있는 A그룹이 50명이 넘는다면 인생을 보람 있게 살아왔다고 자신해도 좋다.

위 내용을 도표로 간단히 정리하면 34쪽의 그림과 같이 될 것이다.

A그룹 인원이 50명이 넘는다면, 1주일에 두 명씩 만나 점심을 먹어도 반년이 걸린다. 따라서 좀 부지런하게 움직여야 3~4개월 내에 만나야 할 사람

인맥지도

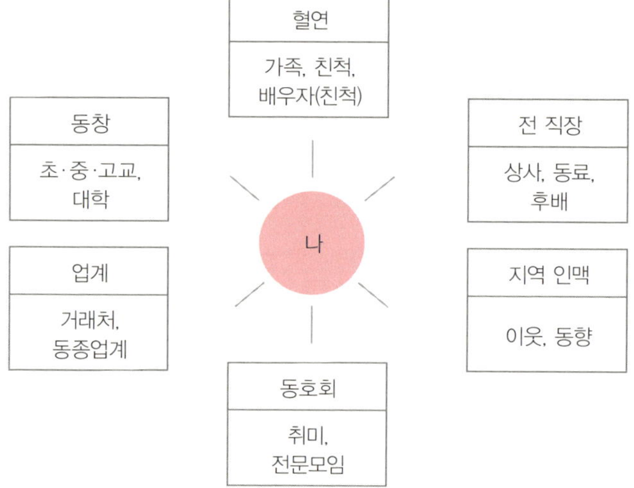

들을 모두 만날 수 있다. 누구를 언제 어디서 만날 것인가를 잘 계획해보기 바란다.

오래전 흥행몰이에 성공했던 《인정사정 볼 것 없다》라는 영화가 있다. 이 영화에 경찰인 주인공이 범인이 숨어 있는 집을 급습하는 장면이 나온다. 필자가 기억하기로는 급습하기 전에 경찰은 두 가지를 준비한다. 첫째는, 앞에서 이야기한 소변 보기. 그 다음은 신발끈을 고쳐 매는 것이다.
여러분의 인맥지도가 제대로 잘 매어 놓은 신발끈이 되기를 바란다.

분노의 속도를 조절하라

미국 'Lee Hecht Harri-son' 본사에서 세계 64개국에 산재한 글로벌 조직으로 보내서 공통적으로 사용하게 하는 프로그램과 솔루션들이 있다. 50년의 노하우가 녹아 있는, 영양가 있는 내용들이다. 그중 하나가 회사를 떠나야 한다는 현실 앞에 선 임직원들의 행동유형을 분석하여 컨설턴트들이 어떻게 대응해야 하는가에 대한 가이드다.

한투덜 대리는 퇴직 컨설팅 프로그램 참여 첫날부터 투덜거리기 시작했다. 강의 장소인 우리 회사를 찾기 힘들었다는 불평을 시작으로, 강의장이 덥다며 냉방을 더 세게 해달라고 하더니 지각하는 참석자들을 기다리느라 좀 늦게 시작한 강의에 대해서는 해당 강의 평가서에 "강의는 제시간에 시작하라" 하는 코멘트를 좀 센 표현으로 적어 놓았다(모든 강의는 참석자들이 작성하는 강의평가서를 기명이나 익명으로 받는다). 담당 컨설턴트와의 첫 미팅에서도 본인의 재취업을 책임질 수 있느냐는 말로 시작해서 재취업을 보장할 수 없는 프로그램이라면 뭐하러 하느냐는 식으로 계속 투덜거렸다.

한 대리의 언행을 주의 깊게 들여다보자. 그가 갖고 있는 감정은 과연 겉으로 드러난 것과 같은 불평 불만이었을까?

구조조정으로 본인이 회사를 떠나야 한다는 사실을 알았을 때 가장 먼저 느끼는 감정은 무엇일까? "시원 섭섭합니다." 이것은 좀 정치적이다. "내 이럴 줄 알았어." "나 말고 또 누구인가요?" "아니, 이거 말이 됩니까?" 등등 여러 가지 표현이 있지만 그 배경에 면면히 흐르고 있는 정서는 '분노'(anger)다. 화가 난다는 말이다.

한투덜 대리의 과격한 표현도 기저에 깔린 심정은 분노다. '내가 이 회사에 다닌 게 몇 년인데, 어떻게 감히! 나 없이 잘 되나 보자.' 결국 다시 또 화가 치밀어 오른다.

대기업 사장도 그만둘 때 분노한다('부회장이 될 거라 믿었는데' 하면서). 명예퇴직이나 조기퇴직 동의서에 본인이 나간다고 서명해놓고도 막상 나갈 때는 분노한다. 분노를 느끼는 것은 특이해서가 아니다. 모두가 정도의 차이가 있을지언정 분노한다. 사람이기 때문에 분노는 당연하다.

은퇴는 없다

분노와 같이 흔히 나타나는 감정은 슬픔(grief), 부정(denial), 불안(anxi-ety), 순응(adaptation) 등이다. 하지만 거기까지다. 컨설턴트의 역할은 같이 분노하고 슬퍼하되, 선을 넘지 않도록 지켜봐주고, 평상심으로 돌아올 수 있도록 도움을 주는 것이다. 이를 회복력(resilience)이라고 한다. 분노에 개인 편차가 있듯이 다시 평상심으로 돌아오는 회복력 역시 개인차가 있다. 각 개성에 맞도록 속도를 조절해서 분노와 슬픔의 힘이 긍정적인 방향으로 흐르도록 해야 한다.

회복력 기간이 짧은 사람일수록 재취업, 창업에 소요되는 기간도 짧아진다.

'그냥'
멍 때리기

김똑순 과장은 글로벌 소비재 회사인 P사의 잘나가는 마케팅 매니저였다. P사는 수백 개의 브랜드를 보유하고 있는데, 어느 한 브랜드가 인기가 없고 매출도 없으면 그 브랜드를 즉시 퇴출시킨다. 그리고 그 브랜드 소속 직원들은 다른 브랜드 담당으로 전환시키거나, 다른 브랜드 조직에서 받아주지 않으면 회사에서 내보낸다. 실력도 실력이지만 사내 평판도 평소 신경을 써서 관리해놓지 않으면 회사 생활이 참 어려운 셈이다.

P사는 주로 내보내는 영업과 마케팅 소속 매니저들을 보통 상반기와 하반기 두 번에 걸쳐서 우리 회사로 보내 전직 컨설팅을 맡긴다.
김똑순 과장을 처음 만나 대화를 나누었을 때는

은퇴는 없다

약간 의외였다. 왜 다른 브랜드 부서에서 받아주지 않았을까 싶을 정도로 긍정적인 성격에 표현력도 우수했고, 자기확신에 차 있는 모습도 보기 좋았다. 담당 컨설턴트 말로는 진단 결과가 아주 좋은, 역량이 뛰어난 사람이었다.

첫 번째 1개월 동안 모든 강의에 100% 출석했고, 면담시간도 철저히 지켰다. 그런데 2개월이 지난 이후로는 강의의 절반을 빼먹고 면담시간도 어기기 시작했다. 본인에게 전직 컨설팅이 효과가 없느냐고 물어보면 그건 절대로 아니라고 했다.

김똑순 과장은 전형적인 용두사미형 업무 스타일이었다. 프로젝트 처음에는 앞장서고 의견도 잘 제시하다가 어느 정도 시간이 지나면 갑자기 무관심해지고, 나는 처음에 할 일 다했으니 이제는 다른 사람들이 일할 때라는 생각을 하는 경우라고 하겠다. 마라톤 경기를 10km 정도만 뛸 사람처럼 빠른 페이스로 치고 나가다 제풀에 지치는 타입이란 뜻이다. 같이 일하는 사람들에게는 상당히 피로한 동료다.

육체적으로 지쳐버린 것과는 좀 다른 얘기다. 몸이 힘들면 쉬면 된다. 그런데 정신적으로 번 아웃(burn-out) 해버리면 정말 힘들어진다. 김 과장은 처음에는 빠른 시간 내 재취업을 해야 한다는 전직에 대한 일종의 강박관념으로 마구 달리다 한 달여 만에 정신적으로 지쳐버린 것이다.

그녀에게 필요한 것은 정신적으로 완벽한 휴식이다. 담당 컨설턴트와 의논하여 일정을 조정하고, 김 과장에게는 일주일 정도 혼자 있는 시간을 의

도적으로 만들도록 하였다. 이를테면 제주도의 어느 아담하고 조용한 호텔 수영장 옆 벤치에 길게 누워서 추리소설이나 만화책을 며칠 읽다가 오는 일정을 제안한 것이다. 이 경우 관광, 쇼핑, 사람 만나기 등은 도움이 되지 않는다. 경영서적이나 교양서적도 권하지 않는다. 그냥 재미있는 책이 가장 좋다.

혹시 스페이스 아웃 컴피티션(space-out competition)이라고 들어본 적이 있는가? 우리말로 하면 '멍 때리기 대회'다. 몇 시간이고 정말 아무 생각 없이 그냥 앉아 있으면서 누가 가장 안정적인 심박수를 유지하는가를 겨루는 경기다.

퇴사한 이후 일정 시간은 이렇듯 '멍 때리기'가 필요하다. 이 기간은 무엇을 결정하거나 계획하는 게 아니라 철저히 비우는 기간이다. 그 기간이 일주일, 열흘이 된다고 해도 '긴 인생'을 놓고 보면 그저 짧은 시간일 뿐이다. 김똑순 과장은 잘 멍 때리고 복귀해서 다시금 기운을 차리고 재취업 전선으로 달려나갔다. 그리고 재취업 활동에서는 전혀 멍 때리지 않고 열심히 달려서 얼마 후 다른 글로벌 소비재 기업에 차장으로 취업했다.

김 과장이 남긴 말이 기억이 난다.

"이제는 매주 정기적으로 멍 때리는 시간을 갖도록 하렵니다."

멍 때리는 동안 무엇을 하면 되느냐고요? 아이 참, 그냥 멍 때리고 있으라니까요!

용감한 퇴직은 피하라

필자가 전직 컨설팅을 하고 있다 보니 자신의 조카 또는 사촌동생의 재취업을 부탁하는 지인들이 가끔 있다. 그런데 사연을 들어보면 너무 '용감한' 퇴직을 하는 경우가 많다. 다시 말해, 일단 퇴직부터 하고 직장을 알아보는 중이라는 것이다. 원 세상에. 노련한 40대 또는 경험 많은 50대 퇴직자에게서는 거의 볼 수 없는 상황이다. 주로 패기에 찬 20대, 30대가 저지르곤 한다.

이직에는 다음과 같은 분명한 원칙이 있다. 퇴직을 생각하기 전에 꼭 먼저 읽어보기 바란다.

1. 재직 중에 이직한다 : 누울 자리를 보고 다리를 뻗으라는 말이다. 영리한 퇴직자는 재취업이 되면 그제야 사직서를 낸다. 단, 떠나

는 회사와 가는 회사 양쪽의 사규를 다 충족시켜야 한다.

2. 이직의 사유가 분명해야 한다 : 가장 많이 듣는 이직 이유는 '연봉이 더 높아서'인데, 이것만 갖고는 전혀 논리적이지 않다. 전문영역의 개발, 폭 넓은 경험에 대한 기회, 해외 진출, 승진 가능성 등 무엇인가 다른 요소가 분명히 있어야 한다. 연봉의 유혹에 따라 이직한 사람은 연봉 때문에 또 이직한다.

3. 한 직장에서 최소한 3년은 근무할 것 : 고객의 이력서를 검토하다 보면, 직장 경력 10년차인데 벌써 대여섯 번의 이직 경력이 있는 사람이 있다. 회사에서 이런 사람은 안 뽑는다. 뽑아놓으면 또 나갈 테니까. 경력을 제대로 인정받기 위해서는 대략 한 직장에서 최소한 3년 정도 기간이 필요하다는 것이 업계의 정설이다.

4. 끝마무리는 깔끔하게 한다 : 업무 인계인수는 확실하게 할 것. 전 직장을 떠난 다음 뒤통수가 계속 근질거리면 안 된다. 환송회는 많을수록 좋다. 그만두는 회사에서 칭찬받으며 떠나는 사람은 언제든 성공할 수 있다.

5. 먹던 샘물에 침 뱉지 마라 : 퇴직 후에는 전 직장이나 전 직장의 상사, 전 직장의 친구, 전 직장의 후배를 욕하지 마라. 칭찬은 못할 망정 비난하지 마라. 욕하는 말을 듣는 사람은 속으로 이렇게 생각한다. '당신도 거기 있었다'라고. 긍정적으로 생각하라. 전 직장의 모든 사람은 이제부터 내 인맥관리의 중요한 자산이다.

이제는
볼 수 없게 된
ERP의 여왕

이야기는 거의 30년 전에 시작된, 정말 옛이야기지만 하여튼 이런 퇴직도 있었다. 이것은 실화다.

퇴직을 요령 있고 영리하게 대처해서(물론 운도 따랐지만) 40대 중반에 강남 요지에 아파트를 마련한 여성 퇴직자가 있었다. ERP(Early Retirement Program)라고 들어본 적이 있을 것이다. 요즘 말로 하면 조기퇴직 내지는 명예퇴직이다. 쉽게 말하면, 회사 사정으로 직원들을 내보내면서 법정퇴직금보다 더 많은 웃돈(흔히 위로금이라 부른다)을 주고 회사에서 내보내는 제도를 말한다.

1980년대 중반 신촌의 Y대학교 졸업과 동시에 영국계 H은행에 입사한 이 여성은, 10년 근속 후에 다른 외국계 은행인 W은행으로 옮기려고 했다. W은행과 인터뷰를 진행하고 있을 때, 갑자기 다니고 있던 H은행에서 10년차 이상 직원에게 ERP를 실시한다고 하는 것이 아닌가. 중장기적으로 인건비 부분을 줄이고자 본사에서 내린 지시 때문이었다. 마침 나가려고 하는데 등 떠밀린 상황이 되었다.

그녀는 H은행에서 ERP 덕분에 정규 퇴직금을 포함하여 거의 억대의 금액을 받았다. W은행으로 옮긴 그녀는 더 열심히 일했다. 점심은 거의 매일 사무실 책상에서 10분 만에 해결했을 정도였다.

그런데 두 번째로 옮긴 은행이 본사 사정으로 갑자기 한국 지점을 폐쇄하기로 했다. 그래서 그녀는 또 ERP를 받게 되었다. 두 차례 ERP로 받은 돈에 조금 더 자기 돈을 얹어서 그녀는 대출을 끼고 강남 중심에 있는 아파트를 과감하게 샀다. 마침 한국에 진출한 유럽계 A은행이 있어서 재취업도 무난했다.

그런데 5년 뒤, 미국의 부실주택 대출로 인해 세계금융 위기가 일어났고, A은행은 전 세계적으로 직원을 감축하기로 했다. 한국에서는 부장 이상의 직원에 대한 ERP가 있었다. ERP는 원래 신청자에게만 해당된다. 그래서 이 여성은 세 번째 ERP를 신청하고, 세 번째 퇴직금을 받아서 주택대출금을 다 갚았다. 그리고 몇 개월 쉬고 다시 재취업했다.

은퇴는 없다

지금은 어디서 일하느냐고? 모시던 첫 번째 직장의 상사를 따라서 외국계 보험회사에 잘 다니고 있다. 몇 년 뒤 퇴직하더라도 소위 말하는 재테크는 이미 잘 해놓은 셈이다.

능력도 있고, 인맥관리도 잘했지만, 참 억세게 재수도 좋은 사람이고 시대도 잘 타고난 사람이다. 옛날에는 이런 퇴직도 있었다. 아니 얼마 전까지 있었다. 아쉽지만, 지금은 물론 아니다.

퇴직은 있어도
은퇴는 없다

월급 100만 원의 가치를 아는가? 한 달에 겨우 100만 원? 중소기업 신입사원 월급도 안 되네! 하지만 퇴직을 하면 달라진다. 월급 100만 원의 가치는 무려 현금 10억 원이다. 대략 계산해보면 10억 원을 은행에 예금하면 이자로 한 달에 100만 원 남짓 받는다. 현재 당신의 예금 잔고는 얼마인가? 뭐 그리 많지 않다고? 그렇다면 금액이 적더라도 나이가 든 후까지 월급을 계속 받을 수 있는 방안을 모색하라.

필자의 지인으로 H정유회사 경영지원 부문장(부사장)을 지낸 분이 있다. 대학교 졸업 후, M뱅크라는 미국계 은행을 시작으로 금융계와 일반회사에서 30년간 근무했다. H정유회사를 정년퇴직으

은퇴는 없다

로 그만둔 뒤, 1년 정도 여행과 독서로 재충전을 하고, 지금은 중동의 어떤 나라에서 석유 관련 회사의 관리업무 총괄을 맡고 있다. 아직도 현역이다.

필자와 같은 직장에서 일하던 동료 H는 주로 외국계 은행에서만 일을 했다. 마지막으로 네덜란드계 A은행에서 전무까지 지내고, 50대 초반에 퇴직을 했다. 은행에서는 주로 국제업무를 맡았던 까닭에 해외 인적 네트워크가 꽤 좋았다. 그래서 동남아 지역에서 새로운 일자리를 찾고자 하였고, 6개월의 노력 끝에 인도네시아의 어떤 부동산 프로젝트 자금 담당으로 일하고 있다. 계약직이고, 급여는 한창 때보다 못하지만 이 역시 현역인 셈이다.

고교 동창인 김영철(가명)은 H종합상사에서 일하다 임원을 달지 못하고 부장 고참 때 퇴직했다. 자동차 수출 업무를 담당했던 경력을 바탕으로 같이 일하던 동료와 함께 삼성역 인근에 사무실을 내고 고급 차종의 자동차 장기 리스 사업을 동업으로 하고 있다. 차량 석 대로 시작했는데, 지금은 30여 대 정도로 사업을 키워서 소위 자리를 잡았다고 할 수 있다. 한 번 리스를 주면 계약기간이 보통 3년이라서 벌이는 신통치 않아도 크게 신경 쓸 일 없는 업무라 아주 맘에 든다고 했다. 이 친구 역시 아직 현역이다.

위의 사례에서 보듯이 자기 자신이 하던 일, 전공 내지는 연계선상에서 눈높이를 낮추어 새로운 직장을 찾는 것이 현역을 연장시키는 가장 기본적인 방법이다. 현역을 지속시키는 것은 본인만 노력하면 생각 외로 쉽기도 하고 많은 수확을 얻을 수 있다. 영원한 현역, 지속적인 현역이란 '퇴직은 있어도 은퇴는 없다'는 믿음이 바탕에 있어야 한다.

100세 시대를 사는 법

최근 한 일간지에 실린 신간 서평이 참 재미난 내용인 것 같아 소개하고자 한다. 책의 제목은 《THE 100-YEAR LIFE》인데, 부제는 'living and working in an age of longevity'이다. 2016년 《Financial Times》가 선정한 세계 100대 MBA 스쿨에서 하버드에 이어 3위를 차지한 런던 비즈니스 스쿨의 두 남녀 교수가 쓴 책이다. 논거의 바탕은 미국의 버클리대학과 독일의 인구조사 기관이 발표한 인간 수명에 대한 통계치다.

이 데이터베이스에 따르면, 대부분의 선진국에서는 2007년에 태어난 사람의 50%가 최대 100세 이상 살 수 있다. 일본이 107세이고 미국, 이탈리아, 프랑스, 캐나다 등이 104세다. 따라서, 지금까지의 삶의

은퇴는 없다

궤적이 송두리째 바뀔 것이라는 주장을 이 책은 담고 있다.

통계 평균치에 따르면 1945년에 태어난 A는 42년간 일했고, 은퇴생활은 8년간 했다. 반면 1971년에 태어난 B는 기대수명이 85세로, 은퇴생활은 20년 정도 된다. 따라서 B가 지금의 방식대로 그럭저럭 살려면 연봉의 17%를 저축해야 한다. 1998년에 태어난 C는 은퇴 후 기간이 무려 35년이다. 연봉의 25%를 저축해야 한다. 또한 긴 세월을 살아야 하는 만큼, 자신에 대한 지속적인 개발과 새로운 인생을 위해 끊임없이 노력해야 한다.

이 책에서 한 가지 특이하게 눈에 들어오는 점은, 20대 전후까지 받은 교육만으로는 나머지 80년을 버틸 수 없다는 대목이다. 정년퇴직 후에는 자신의 직업에 특화된 교육을 더 받아야 한다고 강조하고 있다.

어느 '선진국'의 교수들이 쓴 책이지만, 우리 사회의 미래를 상당 부분 조망하고 있는 것 같아 내용에 눈길이 갔다.

(구체적인 책 내용이 궁금하신 분은 인터넷 홈페이지 www.100yearlife.com을 참조하시기 바람. 아마존에서 £17.09에 팔고 있다.)

재취업에도 골든타임이 있다

꼭 1년 전의 일이다. L그룹 임원 프로그램을 담당하고 있는 컨설턴트가 몹시 당황한 얼굴로 나를 찾아왔다. "김철수(가명) 상무님의 인터뷰 일정이 잡혔는데, 상무님이 한국에 안 계신 것 같아요." 얘기인즉, 김 상무가 3주 전에 'ㅎ그룹'의 기획조정실에 이력서를 냈는데, 진행사항에 대한 연락이 없으니까 떨어진 것이라 생각하고 친구들과 여행을 갔다는 것이다. 문제는, 김 상무의 여행지가 연락이 쉽지 않은 태국이었다는 점이다. 엎친 데 덮친 격으로 김상무의 집에서도 친구들과 태국으로 골프투어를 갔다는 사실만 알 뿐 여행사와 긴급 연락처 등을 모르고 있었다.

그날 오후 태국 골프투어 프로그램을 갖고 있는 국내의 모든 여행사에 연락을 취하기 시작했다.

은퇴는 없다

"태국 골프투어 참가자 명단 좀 알 수 있을까요?"

"김철수라는 분이 태국 골프투어에 가셨나요?"

운 좋게 그날 저녁 어떤 조그만 여행사 프로그램으로 태국에 간 김 상무와 연락이 닿았다. 하지만 문제는 계속 터졌다. 인터뷰 스케줄에 맞춰서 돌아올 비행기편이 없다는 것이다.

ㅎ그룹 기획조정실의 내부 사정은, 실장이 장기 해외출장에서 갑자기 돌아와 밀려 있던 일을 처리하다가 비어 있는 시간에 인터뷰 일정을 잡게 된 것이었다. 결국 김철수 상무가 서울로 돌아왔을 때, 기획조정실장은 이미 다시 해외출장을 떠난 뒤였다.

'골든타임'이라는 용어가 우리에게 알려진 것은 지난 2011년 '아덴만 여명작전' 시, 석해균 선장의 총상을 중증 외상외과에서 수술하는 과정에서였다. 즉, 어떤 사건이나 사고를 처리할 때 문제를 해결할 수 있는 극히 제한적인 중요한 시간이 있다는 뜻이다. 앞서의 김철수 상무는 본인의 재취업 골든타임에 대해 너무 무심한 것이 아니었나 싶다. 그렇다면 재취업의 골든타임이 일반적으로도 존재할까?

작년 말 서울시에서 퇴직 직후의 50세~64세 시민 1,000명을 대상으로 실시한 설문조사 결과에 따르면, 퇴직 후 새로운 직장을 얻거나 창업을 하는 데 평균 10개월이 걸렸다. 10개월 이내에 재취업에 성공한 사람들은 퇴직자의 31.9%에 불과했다. 구직의 황금시간으로 불리는 이 기간에 일자리를 얻지 못할 경우, 그 이후로는 재취업 성공률이 급작스럽게 떨어지면서 평균 1년

10개월의 실업 상황을 겪었다. 10개월 이후 재취업은 21.4%에 불과하였으며, 46.7%는 설문조사의 기술적 분류상 재취업 실패로 보았다.

이와 유사한 미국 연방정부의 자료도 있다. 'US BLS'(US Bureau of Labor Statistics)가 2012년에 발표한 자료에 따르면, 미국에서 일반적인 퇴직자가 재취업에 성공하는 기간은 평균 40.8주였다. 역시 대략 10개월인 셈이다. 그럼 현장에서는 어떻게 느끼고 있을까? 필자의 회사가 갖고 있는 경험적 통계치는 보통 6개월 내지 9개월이다. 대부분의 경우, 4개월 내지 5개월까지는 재취업의 비율이 서서히 증가하다가 6개월 이후부터 그 비율이 급속도로 올라가는 추세를 보인다. 물론 통계 자료라서 모든 사람들에게 동일하게 적용되지는 않겠지만, 신기하리만큼 해마다 모든 구직자군에서 유사한 상황을 보여주곤 한다.

필자의 회사가 2012년 겨울부터 2013년 여름까지 휴대폰으로 유명한 'M사'의 아웃플레이스먼트(outplacement) 프로그램을 진행했을 때도 비슷한 골든타임의 패턴을 볼 수 있었다. 프로그램 시작 후 6개월이 지날 무렵, 갑자기 재취업 성공자가 여기저기서 나타나기 시작했던 것이다.

재취업의 골든타임은 재취업의 준비기간과 연계되어 있다. 다시 말해 흩어진 마음을 잡고, 취업의 전략을 구상하고, 목표 산업군과 회사를 정하며, 이력서를 준비하고 인터뷰 기회를 잡을 때까지 6개월 정도가 소요된다는 얘기다. 이런 경험적 배경을 바탕으로, 효과적인 결과를 얻기 위해 전직 컨설팅 프로그램은 보통 3개월, 6개월, 9개월 등의 기간으로 짜여져 있다.

가정으로
돌아가다

김효자 이사는 구조조
정을 시행한 미국계 C회사에서 명예퇴직으로 나오
게 되었다. 담당 컨설턴트를 만난 그는, 시골의 본
가에 자주 가봐야 하기 때문에 강의 프로그램이나
면담에 자주 못 나올 것이라고 말했다. 시골 본가
는 경상남도의 어느 작은 소도시이고, 그곳에 부모
님 두 분이 살고 계셨고, 형제자매 7남매는 국내외
로 흩어져서 살고 있었다.

띄엄띄엄 강의 프로그램에 나오던 김 이사는 회사
에서 나온 지 3개월째 되던 달에 앞으로는 시골 본
가에서 살게 되었다고 하면서 전직 컨설팅 프로그
램에 더 이상 참여하지 못한다고 했다.

배경은 이렇다. 김 이사의 아버님은 파킨슨병에 걸
려 거동을 전혀 못하고 자리에 누워 있는 형편이

다. 어머님은 거동은 가능하나 약간의 치매 기운이 있고, 집안일은 하나도 할 수 없는 상태였다. 남편과 사별한 둘째 누나가 지난 3년간 부모님 수발을 들었다. 그런데 '긴 병에 효자 없다'라는 속담처럼 둘째 누님도 더 이상 부모 봉양을 못 하겠다고 하면서 아들이 살고 있는 미국으로 간다고 했다. 그때 마침 미국에 살고 있는 셋째 형님과 넷째 누님이 한국에 들어오게 돼 7남매가 모여 가족회의를 했다.

결론은 간단했다. 직장에서 나오고, 아이들 시집 장가 다 보낸 일곱 번째 아들인 김효자 이사가 부모님을 돌보라는 것이 나머지 6남매의 의견이었다. 딱히 정해진 일자리가 없기도 했고, 성격이 내성적이라 누님 형님에게 반항도 힘들었던 막내 김 이사는 생활비 보조를 받기로 하고 시골 부모님 집으로 가기로 했다. 좀 더 슬픈 이야기는 그 다음 소식이다. 시집간 딸아이의 아들 즉 손자를 돌보고 있던 김 이사의 부인은 그냥 서울에 남기로 한 것이다. 아이를 봐달라는 딸아이의 간곡한 부탁도 있었지만, 아마도 부인 역시 시골로 가기가 무척 싫었을 것이다. 결국 김효자 이사는 직장 그만둔 지 3개월 만에 고향집에 그냥 눌러앉게 되었다.

김효녀 이사는 미국계 IT회사의 개발 부서 팀장이었다. 언뜻 보기에는 인상이 너무도 토속적인데다 음성도 걸쭉하고 성격도 시원시원해서 IT회사 팀장이 아니라 어찌 보면 시장에서 순댓국 파는 식당 여주인처럼 보였다(혹시 이사님께서 이 글을 보신다면 부디 용서하시길. 순댓국집 사장님도).

필자는 김효녀 이사와 무려 6개월간 상담을 진행했다. 실력도 있고 운도 따

은퇴는 없다

라준 덕분에 구조조정에 의한 퇴직을 하고 3개월 만에 첫 번째 인터뷰 기회를 갖게 되었다. 그리고 3차에 걸친 인터뷰를 다 통과해서 합격을 통보받았다. 그러나 김 이사는 2주 동안이나 망설인 끝에 재취업을 포기했다. 그런데 그녀는 두 번째 재취업 기회를 얻고서도 마지막 인터뷰 이후에 역시 입사를 포기했다.

그 다음 날 김효녀 이사와 무려 두 시간 동안 이야기를 나누었다.

김 이사에게는 6세와 4세 된 두 아들이 있는데, 그동안 1주일에 3일은 친정어머니가 그리고 또 다른 3일은 시어머니가 돌봐주고 있었다. 그런데 김 이사가 회사를 나오게 되었다는 말을 듣자마자 두 어머니가 이제 애는 엄마가 돌보라고 선언을 해버린 것이다. 차선책으로 매일 어린이집에 보내거나 일주일에 6일을 돌보는 도우미까지 고려했지만 퇴직하면서 받은 돈도 제법 넉넉하니 이제는 그만 집에서 아이들이나 돌보라는 양쪽 집의 의견을 완전히 무시할 수는 없었다. 결국 김효녀 이사는 집에 눌러앉게 되었다.

사람들은 보통 퇴직을 하면 시간이 많이 남을 것이라고 생각한다. 하지만 막상 퇴직을 해보라. 우스갯소리로 "백수가 과로사한다"는 얘기도 있다. 그동안 미뤄두었던 일들이 어찌 그리 많은지……. 퇴직자라고 시간이 무한대로 남는 게 아니다. 하지만 위와 같은 상황을 접했을 때는 마음이 약해지는 것이 현실이다. 부모와 시댁과 친정과 아이들의 사정이 얽히면서 한동안 재취업과 창업의 꿈을 접어야 하는 퇴직자들을 종종 보게 된다.

기우(杞憂), 96%의 불필요한 걱정

이근심 과장은 유난히 걱정이 많았다. 컨설턴트와의 면담을 위해 사무실을 방문하더라도 면담 전, 면담 후 꼭 어린이집에 전화를 걸어 아들아이의 안부를 묻곤 했다.

전직 컨설팅 프로그램 기간 내에 재취업에 성공하지 못할까 근심 걱정하는 것은 이해가 갔지만, 좀 과장되게 말하면 오후에 비가 너무 많이 올까 봐 걱정하고, 본인이 작성한 이력서가 컨설턴트의 마음에 들지 않을까 봐 근심하며, 아직 서류 심사도 통과하지 못한 구직 지원 회사에서 월급을 먼저 회사보다 적게 줄까 봐 지레 걱정하는 것은 좀 심했다. 거기다 주변 사람들이 더 걱정하는 것은 "걱정스럽다"는 표현을 입에 달고 사는 습관적 근심이었다.

은퇴는 없다

이 과장 같은 부류의 사람들이 반드시 소심하다거나 내성적인 것은 아니다. 오히려 너무 꼼꼼하거나 완벽을 추구하는 유형인 경우도 있다. 전직의 과정은 짧게는 몇 개월, 요즘같이 경기가 안 좋은 상황에서는 거의 1년까지 보아야 하는 먼 여정인데, 이렇듯 근심이 많으면 아주 곤란하다.

'긍정 심리학'의 원조라고 할 수 있는 미국의 노먼 빈센트 필 목사는 '쓸데없는 걱정'이라는 글에서 다음과 같이 밝히고 있다.

"사람들은 많은 걱정을 한다. 그런데 절대로 발생하지 않을 사건에 대한 걱정이 40%, 이미 일어난 사건에 대한 걱정이 30%, 별로 신경 쓸 일이 아닌 걱정이 22%, 우리가 바꿀 수 없는 사건에 대한 걱정이 4%, 그리고 우리가 바꿀 수 있는 사건에 대한 걱정은 4%다. 결국 사람들은 96%의 불필요한 걱정 때문에 마음의 평화를 잃어버린 채 살아가고 있다."

지난 2016년에 인기리에 방송되었던 주간 드라마 《응답하라 1988》이 생각난다. 이 드라마의 OST 중 하나가 '걱정 말아요 그대'였다. 정말 지나간 것은 지나간 대로 놔두고, 새로운 꿈을 꾸겠다 말하자.

누가
이직을
꿈꾸는가?

팀장이 못마땅하다고 항상 투덜대는 옆자리의 김 대리. 자기 대학 동창이 다니는 회사보다 급여가 적다고 불만인 박 대리. 야근이 너무 잦다고, '저녁이 있는 삶'을 보장해달라고 아우성치는 최 대리. 이들 중 누가 이직을 꿈꾸는가? 통계자료가 맞는다면, 위 세 명 중 두 명은 기회만 있다면 이직을 하겠다는 생각을 품고 있을 것이다.

지난 2014년 한국 갤럽에서 발표한 통계에 따르면, 직장인의 64%는 기회만 된다면 이직을 하겠다고 했고, 61%는 현재 직장이 안정적이지 않다고 판단했다. 이직을 위한 경력관리가 필요하다고 한 사람은 70%였고, 심지어 지난 3개월 내에 직·간접적

은퇴는 없다

으로 구직활동을 시도한 사람이 무려 88%에 달했다. 그런데 재미있는 것은 재취업의 가능성이 없거나 자신감이 없다고 한 사람도 75%나 되었다는 점이다.

최근 명예퇴직, 조기퇴직, 구조조정, 정년퇴직 등과 같은 비자발적인 퇴직뿐만 아니라 본인의 의지와 판단에 따라 전직과 이직을 하려는 사람들이 점차 증가하고 있다. 좋게 말하면 경력관리지만, 부정적으로 본다면 기존의 일자리에 대한 불안감이 증가하고 있다고 보아야 한다. 이런 사람들을 위해 준비된 프로그램이 경력관리 컨설팅(career path consulting)이다. 현재 좋은 직장을 다니고 있어도 미래는 알 수 없는 법. 어느 길을 택해야 할지 심사숙고할 때는 '신의 한 수' 같은 코칭을 받아보시라.

세계를 주름 잡는 한국의 여성 파워

몇 년 전 이야기다. 필자의 아들은 남녀공학 고등학교를 다녔다. 이 학교의 경우 3학년 전교 20등까지 남자는 불과 다섯 명에 불과할 정도로 여학생의 성적이 압도적으로 좋았다. 고등학교 성적은 시험성적과 수행평가의 합이다.

남녀 모두 시험성적은 적극적으로 관리하지만 여학생들은 좀더 악착같이 수행평가 성적까지 관리한다. 반면에 남학생들은 '대범하게' 수행평가를 비교적 등한시하는 편이다. 높은 성적에 대한 지치지 않는 갈망은 결국 대학교에 갈 수 있는 학력을 높인다. 사법고시, 외무고시에서 여성이 수석합격자가 되는 일이 이제는 그다지 큰 뉴스거리가 되지 않는다.

은퇴는 없다

고급 스포츠 중 하나로 세계적으로 큰 시장을 형성하고 있는 골프를 살펴보자. 최근 우리나라 여자 선수들이 LPGA를 주름잡고 있다. 세계 랭킹 10위 안에 다섯 명이나 있다. 더욱 놀라운 사실은 상위 100위 안에는 38명이 있고, 상위 500위 안에는 무려 159명이 포진해 있다.

지난 2016년, '인터내셔널 크라운'이라고 하는 국가대항전 여자 골프대회가 열렸다. 2018년에는 한국에서 열릴 예정이다. 이 대회에는 세계 랭킹이 높은 네 사람의 랭킹 합계 점수를 계산하여 8개국만이 참가할 수 있다. 뉴질랜드의 리디아 고는 세계 랭킹 1위임에도 본인 말고 랭킹이 높은 선수가 없어서 참석을 할 수 없었다. 한국 대표 네 명의 랭킹 숫자를 더하면 28이다. 미국은 39고, 골프 종주국 잉글랜드는 344, 8번째로 턱걸이를 한 호주는 겨우 390이다.

다른 예를 하나만 더 들어보자. 지난 20년간 세계 양궁시합 규칙은 끊임없이 개정되어 왔다. 거리별로 되어 있던 종목을 바꾸고, 실력보다는 운에 따라 성적이 나오도록 활 쏘는 횟수도 줄이더니 요즘은 세트제로 경기를 한다. 지난 28년간 올림픽 단체전 7연패를 한 한국 여자 양궁 선수들 때문이다. 참으로 대단한 대한민국 여성 파워다.

지난 2016년, WHO가 발표한 세계 주요국가 기대수명을 보면, 한국은 여자가 85.48세이고 남자가 78.8세였다. 한국인 남녀의 기대수명 차이가 6.7세나 되는 것은 남자의 암 사망률이 여성의 1.6배, 교통사고 사망률이 여성의 2.8배, 자살률이 여성의 2.4배나 되기 때문이다.

한국 중년 남자들의 운동량은 여성에 비해 훨씬 적고 여성은 체형관리에서도 남자보다 더 많은 관심을 갖는다. 배가 나왔다고 동네 헬스클럽에 가서 줌마댄스나 에어로빅이라도 하는 것은 여자들이다. 아침 실내수영장에 가면 여자가 더 많고, 이제 등산도 남자들의 전유물이 아니다. 주말에 뒷산에 가보라. 남녀 등산객의 숫자는 거의 동일하다. 스트레스를 푸는 방식도 남자들이 대부분 음주, 흡연이라면 여자들은 잘 먹거나 운동을 한다. 아니면 아예 건전하게 수다를 떤다. 자기 일에 좀 더 신경 쓰고 정교하고 적극적으로 처리하는 것은 아무래도 여성이 낫다. 그러니 교통사고 사망률도, 자살률도 남자가 훨씬 높을 수밖에.

퇴직 후 전직 활동을 하는 사람들도 남녀로 구분해보면, 아무래도 여성이 좀 더 계획적이고 집요하다. 회사를 그만두면서 금전적인 혜택을 1원 한 푼까지 정확히 챙긴다. 전직 지원 프로그램 참여 시 교통비를 지급하는 회사가 있었는데, 프로그램 전체 기간 내내 영수증을 첨부하여 비용을 청구하는 사람들은 대부분 여성들이다. 우리는 이런 태도를 긍정적으로 본다. 왜냐하면 전체적인 구직 과정에서 세심한 처리는 매우 큰 이점이 될 수 있기 때문이다. 이력서를 보다 더 정교하게 작성한다거나, 구인 공고의 행간을 정확히 읽어낸다거나, 면접 시 면접관의 질문 의도를 정확히 파악하는 능력은 이러한 세심함에 기본을 두고 있다. 크게 차이가 나지는 않지만 재취업 성공률 역시 여성이 어느 정도 높은 편이다.

편한 옷차림 vs. 단정한 옷차림

해외출장으로 인천공항에 갈 때마다 늘 놀라운 상황을 목격한다. 등산복을 입고 해외여행을 가는 사람들이 왜 이렇게 많은지……. 언제부터인지 우리나라에서는 등산복이 간편한 의상의 대세로 자리를 잡았다. 흔히 이런 복장을 아웃도어 룩이라 부르는데, 2014년 기준으로 아웃도어 시장은 무려 7조 3,000억 원의 시장으로 성장했다. 이제 아웃도어 룩은 등산복만을 의미하지는 않게 되었고, outdoor + metro의 개념으로 아웃트로(outro)라는 신조어까지 등장했다. 주변을 둘러보시라. 영화관에 가도, 식당에 가도, 전철을 타도, 아웃트로 복장이 판을 친다. 특히 연세 드신 분들이 더 애용하는 듯하다. 물론 편하니까 그럴 테지만.

드레스 코드

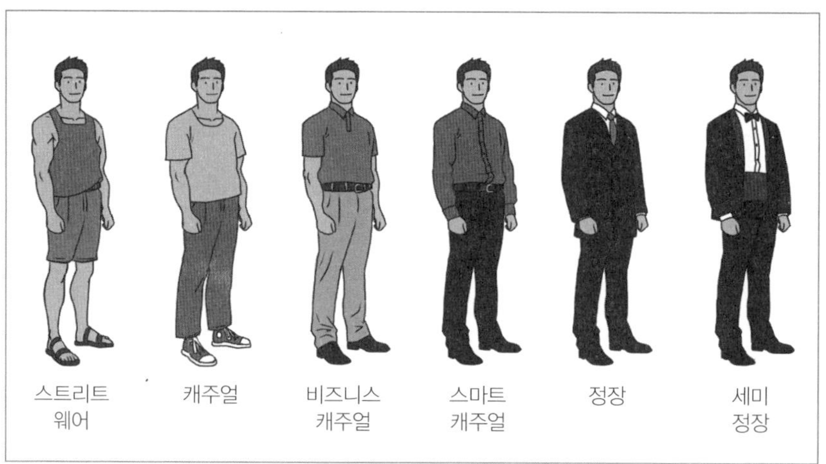

비즈니스 캐주얼 유형들

은퇴는 없다

그런데, 비즈니스 세계에서 요구하는 복장은 편한 옷차림이 아니라 단정한 옷차림이다. 전직 컨설팅을 하면서 만나는 퇴직자들이 복장에 너무 신경 쓰지 않는다는 생각을 지울 수 없다. 면담을 하기 위해 우리 회사를 방문한 퇴직자들을 보면 어쩜 그렇게 천편일률적으로 아웃도어 복장인지……

몇몇 분은 애플의 '스티브 잡스' 운운하면서 "지금 이 마당에 편한 복장이 좋은 것 아닌가요?"라고 말한다. 천만의 말씀. 소위 복장 규정(dress code)이 한국보다 미국이 좀 더 자유스럽기는 하지만 그들 나름의 관습적 예절은 분명히 존재한다. 그리고 복장의 글로벌 스탠더드라고 할 만한 내용은, 미국의 관습적 예절과 매우 유사하다.
스티브 잡스가 강연할 때 입은 복장은 비즈니스 캐주얼(business casual)이거나 스마트 캐주얼(smart casual)이라 부르는 수준에 해당된다. 그리고 아웃도어 룩은 캐주얼 복장이 아니다.

퇴직을 한 사람이 길을 가다 우연히 전에 다니던 회사의 직원을 만날 수 있다. 대학교 동창을 만날 수도 있다. 이럴 때 너무 '편한 복장'은 사람을 허름하게 보이게 한다. 문제는 재취업과 창업에 도움이 될 수 있는 그들을 이렇게 '편한' 모습으로 우연히 만나게 될지도 모른다는 것이다. 교과서적인 말처럼 들릴 수 있겠지만, 항상 단정하게 옷을 입는 것이 손해 볼 일은 없다.

채용 회사의 입장

구직에 어려움을 겪고 있는 퇴직자들은, 기업의 채용 담당 임직원들이 별 어려움 없이 일하고 있다고 생각하기 쉽다. 공고만 내면 취업하고자 하는 사람들이 구름같이 몰려올 테니까. 하지만 그들도 그들 나름의 애환이 있기 마련이다.

소위 말하는 대기업 그룹 공채 과정을 보자. 수년 전, 필자는 근무하던 그룹의 공채 과정에 일부 참여한 적이 있다.

예를 들어 그룹 계열사의 채용 인원 수를 모두 합해서 2,000명을 뽑는다고 하자. 그러면 채용 홈페이지에는 대략 10배인 2만 명 정도가 지원한다고 보면 된다. 서류전형을 거쳐 대략 채용 예상 인원

은퇴는 없다

의 2~3배수가 필기시험을 볼 수 있는 자격을 얻는다. 즉 1단계에서 1만 4,000명이 떨어지는 셈이다. 2단계 필기시험을 거치면 1.5~2배수 인원이 면접시험을 볼 수 있게 된다. 다시 2,000~3,000명이 떨어진다. 그리고 면접을 거치면서 마지막 목표 수치인 2,000명 내외의 인재가 합격한다.

옛날 채용 담당자의 관심은 오직 하나였다. 좋은 인력을 채용하는 것이다. 그런데 요즘은 동일한 비중을 갖는 다른 임무가 생겼다. 2만 명이 지원하고 2,000명이 합격했으니 1만 8,000명이 떨어진 것이고, 불합격한 이들은 당연히 기분이 좋지 않다. 그러니까 잘못하면 2,000명 뽑자고 해마다 큰 비용 써가면서 무려 1만 8,000명의 '안티'를 생산할 수도 있다는 뜻이다. 필기시험 대상자 즉 서류전형 결과를 발표하고 나면 채용 담당자들은 모두 SNS를 유심히 살펴본다. 무슨 불만의 댓글이 올라올지 몰라 한동안 긴장한다. 경영진은 SNS에 대한 모니터링 결과를 수시로 보고받고, 채용 과정에 문제점이 발견되면 담당자를 문책한다.

필자가 지주회사 GTM(Global Talent Management) 부서에서 일할 때, 나의 보스는 미국 여성 임원이었다. 하버드 석사, 박사에 유수의 컨설팅 펌 (consulting firm) 출신이었는데, 그녀를 위해 통역 전담 여비서를 채용하기로 해서 면접을 보게 되었다. 부서 소속의 미국인 대리와 담당 과장이 지원자 몇 명과 인터뷰를 진행하고 최종 2명으로 압축한 다음 미국 여성 임원이 직접 인터뷰를 하기로 했다.

그런데 갑자기 모 블로그에 지주회사에 근무하는 임직원들의 자질이 의심

스럽고 채용 인터뷰가 형편없이 진행되었다는 글이 하나 뜨더니 삽시간에 댓글이 수십 개가 붙었다. 인터뷰에서 떨어진 A양이 불합격의 분을 못 참고 비난의 글을 올린 것이었다. 올린 글은 이해하기 힘든 일방적인 내용이었지만, 비실명제의 사이버 공간에서 대기업은 절대적 약자다. 이쪽은 누구인지 다 노출되지만 글을 올리는 네티즌은 모두 익명이기 때문이다.

필자가 직접 A양에게 전화를 걸어 전후사정을 이야기하고 화를 가라앉게 하는데 3일이 소요되었다. 결국 그 블로그 글은 사라졌고, 글이 사라짐과 동시에 시끄럽게 대기업을 비난하던 누리꾼들도 사라졌다.

채용 담당자가 신경 쓰는 두 번째 항목은 '13개월차 잔존율'이다. 다시 말해 신입사원이 1년이 지나서도 계속 그 회사에 다니느냐 하는 수치다. 왜 13개월인가 하면, 그 다음해 공채 시험 보고 다른 회사로 이직하는 사원이 꼭 있기 때문이다. 멘토를 정해주고, 합격증과 함께 사장의 서명이 들어간 합격 축하 편지를 신입사원 부모님께 보내도 떠날 사람은 떠난다. 이 경우 교육, 연수에 들어간 투자금액은 다 날아가는 셈이다.

회사마다 차이는 있겠지만 대체로 신입사원이 일해서 벌어들이는 돈과 급여 및 기타 복리후생, 고정비 등의 투여금액이 같아지는 시점은 대리 1~2년차 정도다. 그 전까지 회사는 그 사원에게 계속 투자만 했다고 봐야 한다. 그러니 대리급 직원이 경쟁사로 이직하면 채용 담당자 입장에서는 열불이 날 만하다. 비공식적 수치이지만, 신입이든 경력직이든 회사를 그만두는 직원의 70%는 입사 후 3년 이내에 그만둔다. 그만큼 정착하는 것이 중요하다.

신입사원에게
고(告)함

신입사원 여러분의 입사를 축하합니다. 청년실업이 사회적 문제로 대두되는 이런 상황에서 우리 대기업에 입사하신 것을 다시 한 번 축하드립니다.

주위의 여러 사람에게서 축하와 덕담을 많이 들으셨을 테니, 오늘은 좀 심각한 이야기를 하고자 합니다. 우선, 여러분은 이 회사의 주인이 아닙니다. 상사들은 여러분에게 "당신들이 주인공이다. 주인의식을 가져라"라고 말할 겁니다. 하지만 분명히 여러분은 우리 회사의 주인이 아닙니다. 결국 일정 기간 기여하다가 떠날 테니까요.

인생의 단맛과 쓴맛을 회사생활하면서 다 겪고, 인격적으로도 성장하고, 결혼도 하고, 아이도 얻게 될 것입니다. 회사생활에서 보람 있는 경험도 많이 할 것입니다. 그렇지만 다시 말하건대, 여러분은 주인이 아니고, 결국은 떠날 것입니다.

이렇게 이야기한다고 회사생활이 덧없다고 오해하지 마십시오. 이곳은 여러분이 땀 흘리고 노력해서 좋은 경험을 얻기에 아주 훌륭한 장소입니다. 사회생활의 첫걸음을 우리 회사와 같은 대기업에서 시작할 수 있다는 것은 여러분의 행운입니다. 무엇보다 앞으로 30년간 여러분이 다채로운 경험을 맛볼 수 있도록 온갖 기회가 제공될 것입니다. 하지만, 거기까지입니다. 결국 여러분은 떠날 것입니다.

자, "그럼 어쩌란 말이냐?"라고 물어보시겠지요. 제가 전달하고자 하는 메시지는 지금부터 30년 뒤를 준비하라는 말입니다. 지금 여러분은 어떻게든 취업을 해야 하니까, 할 수 없이 우리 회사에 입사를 했을 수 있습니다. 어쩌면 회사생활이 본인의 적성과 맞지 않을 수도 있습니다. 아니, 솔직히 말하면 돈을 벌어야 하는데 다른 직업을 택할 수 없기 때문에 여기에 오셨을 수도 있습니다.

그런데, 처음부터 본인의 적성과 취미와 특기에 맞는 진로를 택할 수 있는 사람은 그다지 많지 않습니다. 많은 사람들이 조금씩 양보하고 어느 정도 참아내면서 회사생활을 합니다. 이런 인격적 수양을 쌓는 일이 사람을 사람답게 만드는 과정일 수도 있지요. 그렇지만 지금 제 이야기를 듣는 여러분은 30년 뒤를 미리 확실하게 계획하십시오.

은퇴는 없다

가장 중요한 준비는 평생을 두고 하고 싶은 일, 할 수 있는 일이 무엇인지 알아내는 것입니다. 한 달에 한 번이라도 술 좀 적게 마시고 먼 산 보면서 고민하십시오. 내가 진짜 좋아하는 일이 무엇인지 생각하십시오. 취미의 확장 버전을 곰곰이 생각해도 좋고, 그 일만 하면 시간 가는 줄 모르고 몰두하는 일이 무엇인지 생각해도 됩니다.

약간의 힌트를 드린다면, 가장 효과적으로 생각하는 방식은 몰입의 기법입니다. 전심전력으로 한 가지 주제에 대해 시간적 여유를 갖고 깊숙이 생각하는 방식이지요. 아니면 명상이나 참선도 좋은 방식입니다. 앞으로 30년씩이나 생각할 시간이 주어질 테니, 아주 바보가 아니라면 좋은 결과를 찾을 수 있을 겁니다.

좀 더 쉽고 현실적인 조언이 없느냐고 하신다면, 사실은 아주 간단한 것이 하나 있습니다. 오늘 바로 개인연금에 가입하시길 바랍니다. 국민연금이 있더라도 현재로서는 한 달에 받을 수 있는 국민연금 수급금액의 최고가 187만원이라고 하니(27년 동안 납부한 경우랍니다) 추가로 개인연금을 하나쯤 더 준비해놓는 것이 필요합니다. 왜냐하면 이 회사를 떠난 뒤 또 다른 30년이 기다리고 있을 텐데, 그때가 되면 지금처럼 꼬박꼬박 월급을 받기가 매우 힘들어질 것이기 때문입니다. 참 힘들죠? 주택마련부금에 자동차 할부금에 실손보험료까지 다달이 내고 있는데, 이제는 연금까지 내라고 하니 말입니다.

어느 통계를 보니 신입사원 여러분의 세대는 연봉의 35%를 쌓아두어야 정년퇴직 후에 나름 의미 있는 생활을 할 수 있다고 합니다. 부디 오늘 제 이야기가 황당하다고 느끼지 않았으면 합니다. 단언하건대 30년 뒤에 저는 가고 없을지라도 여러분은 30년 전 오늘 제가 드린 이 이야기를 칭송하게 될 겁니다.

신입사원 여러분, 시간 내서 이렇게 제 이야기를 경청해주셔서 대단히 감사합니다. 이렇게 좋은 이야기는 여러분만 알고 다른 회사 다니는 사람들에게는 말씀하지 않았으면 좋겠습니다.
다시 한 번 더 감사드립니다.

퇴직한 신입사원의 수기

최근 자발적 퇴사를 한 신입 6개월차 여성이 네이버 블로그에 올린 글이다. 잠시 어깨너머로 살짝 엿보도록 하자.

2016년 5월 27일. 어쩌면 아주 개인적이고 어려운 이야기일 수도 있지만, 회사를 나온 뒤에 어떤 일들이 펼쳐지는지 궁금한 분들에게 도움이 되지 않을까, 또는 퇴직 후의 일상을 살짝 엿볼 수 있는 계기가 되지 않을까 싶어서 글을 올립니다.

1. 퇴사 : 중소기업 신입 6개월 근무 후 퇴사. 성장하고 있는 회사이기에 모두가 1년은 버텨보라고 말리는 분위기였지만, 이유야 어찌되

었건 퇴사를 결정했다.

2. **여행** : 사실 해방감 같은 건 없었다. 그만두자마자 떠난 통영여행. 배도 타고 사람도 만나면서 많이 보고 느끼고 생각할 수 있는 시간이었다.

3. **잠** : 여행을 다녀와서는 잠만 잤다. 출근할 땐 6시에 일어나 일하러 가고, 집에 들어와 이래저래 하다 보면 12시에 잤다. 당연한 일상들이지만 평소 7~8시간 자던 나였기에 밀린 잠을 몰아서 자게 된 것 같다.

4. **후회** : 해방감도 없지만 (아직) 딱히 후회도 없다. 그만두었을 때의 불안감, 그리고 재취업하는 데 시간이 걸릴 수도 있을 것이란 점들. 그런 것들은 다 충분히 감수하고 결정했던 것이기 때문이다.

5. **꿈** : 6개월. 짧다면 짧고 길다면 긴 기간이지만 '취준생'이었던 내가 6개월간 즐거우면서도 고통스러운 꿈을 꾸다가 일어난 것 같은 기분. 너무 자연스런 느낌.

6. **멍 때릴 시간** : 자랑은 아니지만 난 정말 멍을 잘 때린다. ㅋㅋ. 회사생활에서는 하등 쓸모없는 행동이지만, 당분간은 멍 때릴 시간이 더 필요한 것 같다.

이 여성은 그 후 2주차 수기도 올려주었는데, 계획을 세운 내용은 치과 가기, 국내여행·해외여행 떠나기, 만화카페 가기, 가방 사기, 우쿨렐레 강의 수강하기, 영화 보기 그리고 라이프 코칭 받기 등이었다. 그리고 치유의 시간이 필요하다고 했다.

내용을 보면 알겠지만 자발적이건 비자발적이건 퇴직을 하고 나면 여러 가지로 우울하고 스트레스를 받는다. 그래도 이분은 여행, 잠, 멍 때리기 등 나름대로 긴장을 완화하면서 다음 과정을 요령 있게 밟아 나가고 있는 것처럼 보인다. 특히 6개월차 신입사원으로서 파격인 것은 라이프 코칭을 받을 생각을 갖고 있다는 점이다. 한 가지 아쉬운 점은, 재취업에 대한 구체적인 생각이 좀 부족한 듯 보인다는 것이다.

사장님 사장님, 우리 사장님

1958년에 데뷔한 현미라는 가수가 부른 '몽땅 내 사랑'이란 노래가 있다. 노래가사에 "길을 가다가 사장님 하고 불러보면 열에 열 사람 모두 돌아본다" 라는 내용이 있다. 심지어 "사원 하나 구하기는 힘든데 사장은 왜 이리 많은지 모르겠다"라는 말도 있다. 그 시절 무슨 연유로 그런 가사가 나왔는지 알 수 없으나, 여하튼 우리나라에서는 예전부터 호칭이 매우 중요했다는 사실에는 변함이 없다.

회사를 다니게 되면 이름 뒤에 붙는 직책이나 직위, 이른바 직장 호칭(job title이라고 한다)을 부르게 된다. 예를 들어 홍길동 부장 또는 홍길동 팀장이다. 여기서 부장은 직위이고, 팀장은 직책이다.

은퇴는 없다

퇴직을 한 사람들은 어떻게 호칭을 해야 할까? 원칙은 최후의 호칭을 부르는 것이다. (일반적으로 전 직장에서 가장 높았던 지위를 부르게 된다.) 한 번 송중기 장관은 죽을 때까지 송 장관이고, 한 번 송혜교 사장은 지속적으로 송 사장이다. 언론에서 문자로 표기할 때는 송 전 장관이나 송 전 사장으로 나올 수 있겠으나, 실제로 그 사람을 부를 때 전(前)이라는 글자를 붙여서 부르는 경우는 거의 없다. 아니 그렇게 부르면 실례가 된다. 비공식적 사교 모임이라도 이름을 부르고 반말을 할 수 있는 절친한 사이가 아니라면 퇴직 전 호칭을 부르는 것이 상례다.

퇴직자들은 호칭에 민감하다. 그래서 컨설턴트들은 신경 써서 반드시 그들의 마지막 직장 호칭으로 커뮤니케이션을 한다.

그런데, 최근 대기업에서부터 호칭 파괴가 줄을 잇고 있다. 2000년부터 CJ그룹은 ○○님으로 통일했고, SK그룹 중 이동통신회사 쪽은 오래전에 ○○ 매니저로 바꿨으며 제일기획에서는 ○○ 프로라고 부르고 있다. 이번에는 삼성전자가 ○○님, ○○ 프로라는 호칭을 도입한다고 한다.

물론 호칭을 통일한다고 해서 서열문화에서 얼마나 벗어날 수 있을지는 알 수 없으나 그 시도는 신선해 보인다. 그런데 걱정이다. 이런 분들이 퇴직하여 전직 컨설팅을 받게 되면 호칭을 어떻게 해야 할까? 사원부터 부장까지 몽땅 홍길동님, 송중기님, 송혜교님일 텐데, 그들 사이의 서열은 어떻게 인식할 수 있을까? 이래저래 호칭은 참 어렵다.

파트
2

파트 2

재취업과 창업에 대한 이야기

욕심을 부리지 않으면 기회는 온다

갓 퇴직한 그 여성 임원이 내 방 문을 열고 들어왔을 때의 첫인상은 한 마디로 '세다'는 것이었다. 짧은 쇼트커트 머리에 화장기 없는 얼굴, 세련된 바지 정장에 검정색 명품 브랜드 단화를 신고 있었고, 웃음기 없는 얼굴에 입술을 굳게 다물고 있었다. 그리고 "안녕하세요? 처음 뵙겠습니다"라는 인사 이후로는 아무 말 없이 약간 화가 난 듯한 시선을 내게 던졌다. 나는 그런 표정의 의미를 많이 경험하였다. 그 의미는 "내가 왜 여기 왔는지 모르겠다" 또는 "당신, 컨설턴트는 내게 무엇을 해줄 수 있는데?" 하는 것이다. 고객이 보여주는 그런 자세는 이런 두 가지 의미가 복잡하게 섞여 있는 경우가 대부분이다.

은퇴는 없다

외국 금융기관에서 부행장급 대우를 받았던 이분은 신촌 주변의 일류대학 영문학과를 나왔는데, 졸업하기도 전인 4학년 2학기 때 외국계 은행에 이미 취업이 결정되었고, 10년 정도 그 은행에서 경력을 쌓은 후 다른 외국계 금융기관으로 자리를 옮겼다. 말하자면, 회사 경력에 관한 한 남부러울 것이 하나도 없는 이력을 갖고 있었다. 뛰어난 조직 장악력과 업무 집중력, 능란한 영어 실력으로 승진 대열에서 뒤쳐진 적이 한 번도 없었고, 부하직원들의 신망도 두터운 여성 임원이었다. 오로지 회사생활 한 가지 길에 매진한 이른바 '성공한 커리어우먼'이라고 할 수 있다.

당연한 얘기지만, 이분은 몇 달 전 명예퇴직(ERP: Early Retirement Program)을 권유받기 전까지 본인은 정년퇴직까지는 아니더라도 최소한 몇 년은 더 일할 수 있을 것이라 생각하고 있었다. 본사의 지침에 따라 본인이 명예퇴직 대상이 되었다는 것은 매우 놀라우면서 자존심이 상하는 일이었다. 이 때문에 회사의 안내로 '전직 지원 서비스'라는 프로그램에 참여를 하기는 했지만, 매우 귀찮고 못마땅하다는 인식을 가지고 있었다.

이런 경우에는 어느 정도 친밀도가 높아지기까지 '일 이야기'는 되도록 피한다. 퇴직, 전직, 재취업, 생애설계, 경력, 이력 같은 단어조차 대화 중에 나오지 않도록 조심한다. 여기까지는 일반 컨설턴트나 훈련받은 상담사라면 누구나 잘 아는 내용이다.

중요한 것은 그럼 무슨 다른 이야기를 할 것이냐 하는 것이다. 고객과 나눌 수 있는 공통화제 또는 관심사를 꺼내야 할 텐데, 이것은 자격증이나 일류

학교 학위를 받았다고 알 수 있는 사항이 아니다. 나이가 많다고 되는 것도 아니다. 경험과 지식이 축적된 그 어떤 힘이 필요하다.

이 여성 고객은 같은 회사나 다른 나라에서 근무하는 임직원들과 함께하는 프로젝트에 많이 참여했던 까닭에 해외출장이 잦았고, 다행히 해외출장을 즐기는 편이었다. 믿거나 말거나 첫날 면담의 대부분은 뉴욕과 홍콩의 맛집 이야기로 이어졌다. 경력개발 같은 따분한 이야기를 들을 것으로 예상하고 왔는데, 본인이 알고 있는 해외 음식점에 가봤다고 하는 사람을 만났으니 나름 흥미 있고 재미가 있었으리라.

그 다음 주는 영화와 TV 드라마 이야기를 했다. 주말마다 KBS에서 방영했던 '명화극장'을 보고 자란 세대로서(이 여성 고객이 나보다 몇 살 아래이기는 했지만), 함께 대화를 나눌 수 있는 화제는 무궁무진했다. 혹시 그 시절 '미드'라고 할 만한 《보난자》《로하이드》(rawhide) 《하와이 파이브 오》《월튼네 가족》《전투》(Combat)를 들어는 보았는가? 이런 대화를 하면서 거의 4주의 시간이 지났지만, 나는 아직 라포(rapport-친밀한 관계) 형성이 조금은 미흡하다고 생각하고 있었다.

그리고 가족 이야기 특히 서로의 딸자식에 대한 험난한 가정교육 역사를 언급하면서 프로그램은 두 달째를 맞이했다.

고객이 문자메시지를 통해 약속한 면담시간을 다음 날로 변경하자고 한 것은 6주차에 접어든 때였다. 그리고 변경된 일자에 만난 고객의 얼굴은 약간 상기되어 있었다. 비가 줄줄 내리는 어제 오후에 우비를 입고 보신각 앞에

은퇴는 없다

서 시위를 하고 왔다는 것이었다.

시위? 내용인즉 딸이 A외고를 다니는데, 서울시교육청에서 특목고(외국어고교) 지정을 취소하려고 한다는 것이다. 그래서 해당 학교 학부모들이 지정 취소는 안 된다는 시위를 하기로 했고, 어제는 본인이 그곳에 가서 열성 시위를 하고 왔다는 것이었다.

"사실, 제가 딸아이 졸업식, 입학식에도 해외출장 때문에 못 가봤어요. 이런 일이 있어도 제가 직장 다니는 것을 알기 때문에 반장 엄마가 보통은 연락을 안 하는데, 이번에는 많은 엄마들이 가야 하기 때문에 혹시나 해서 전화했다고 하더라고요. 이제는 회사에 다니지 않아서 갈 수 있다고 말하고 씩씩하게 갔다 왔습니다. 나름 보람도 있고, 재미있던데요? 집에 가서 딸애에게 이야기하니 이제 좋은 엄마 되어간다고 하네요. 호호호."

빙고! 이 고객에게서 이런 이야기를 듣게 되었다는 것은 두 가지 의미가 있다. 하나는 본인의 퇴사 사실을 타인에게 말할 수 있을 만큼 마음의 평정심을 찾았다는 것, 그리고 이런 상당히 사적인 일을 내게, 그것도 웃음기를 더해 말을 할 수 있을 만큼 친밀도(intimacy)가 구축되었다는 것이다. 그날 나름 충분한 교감이 형성이 되었다고 느낄 수 있었고, 그 바탕에서 내가 알아낸 이분의 재취업 희망사항은 정규직은 아니더라도 2~3년 정도 더 다닐 수 있는 일이면 좋겠다는 것이었다. 임원 이상의 직위에 있었던 사람들의 특징 중 하나는 본인이 정말로 원하는 속마음을 잘 이야기하지 않는다는 것이다. (거의 '알아 맞춰 봐라' 하는 수준인 경우도 있다.)

일단 말문이 트이니 그 이후의 컨설팅은 일사천리로 진행되었다. 그래서 내 사무실의 문을 열고 들어온 날부터 7개월 15일이 지나서 그 '좋은 엄마'는 정규직이 아니라서 완벽한 조건은 아니었으나, 최소 2년 정도의 취업기간이 보장된 외국 금융기관의 프로젝트 헤드(project head)로 전직할 수 있었다.

이 좋은 엄마의 성공 요소는 재취업을 위해 본인이 얻고자 하는 부분과 포기할 부분을 매우 명확하게 사전에 선을 그었다는 것이다. 당사의 잡 리드(Job Lead) 팀이 알려준 얼어붙은 금융계 취업시장에 대한 일반정보와 본인이 수소문하면서 얻게 된 개별 금융기관에 대한 구직 정보를 종합하여 비교적 빠른 시간 내에 의사결정을 했다.

우선 정규직은 아니라도 좋다. 정규직은 아니지만 최소 2년 이상은 보장해 주어야 한다. 급여는 전 직장에서 받던 것보다 '훨씬' 적어도 좋으나 자존심은 지켜줄 수 있는 수준이면 좋겠다. 인센티브가 없어도 괜찮다. 대신 일하는 부서의 장(長-head)이라야 한다. 보고체계(reporting channel)상 내 상위자는 사장이거나 한국 지사장에 한한다.

이런 모든 사항은 컨설턴트인 필자가 일단 제의하되 의사결정은 본인이 내리도록 했다. 그래서 얻게 된 새로운 자리는 차세대 시스템 구축 프로젝트의 장이었고, 기본 2년 계약에 필요 시 추가 1년을 더할 수 있는 조건이었다.

욕심을 부리지 않으면 재취업의 기회는 반드시 온다.

꿈을 찾아,
고향으로
돌아가다

그 남자 고객은 처음부터 아주 애매모호한 입장을 취했다. 보편적인 재취업과 창업 양쪽 모두에 관심이 아주 없다고 한 것도 아니고, 그렇다고 사회봉사활동에 '일로매진'하기에는 56세라는 나이가 아직은 젊은 나이(?)임에 분명했다. 그렇다고 우리가 제공하는 오픈 잡 리스트(open job list)도 열심히 들여다보는 것 같지 않았다. 외국 회사의 임원으로 크게 성공했다고 하기에는 늦은 나이에 임원으로 승진했고, 특이하게 한 회사(외국법인)에서 20년 넘게 보직 변경 없이 근무한 분이었다. 외국인 회사 근무 경력을 가진 임원들은 몇 차례 전직을 하는 게 일반적이었다.

아들은 이미 결혼해서 분가를 했고, 부인과 반포

동에 있는 아파트에서 둘이 살고 있었다. 등산과 골프가 취미이고, 주말에는 열성신도인 아내의 손에 이끌려 집 근처 교회에 다니는, 어떻게 보면 우리나라 큰 기업의 임원으로 퇴임한 비교적 보편적인 경우에 해당되는 분이라 할 수 있었다.

이분이 변화의 조짐을 보인 것은 6개월 프로그램이 중반쯤 접어들어 우리 회사가 전문가를 모시고 진행하는 '고궁 해설가와 함께하는 창덕궁 후원'이라는 프로그램에 다녀온 뒤였다. 고궁에 다녀온 그 다음 상담에서 이분은 무려 두 시간 동안 자신이 흥미를 가질 수 있는 대상을 발견했다는 기쁨을 신나게 설명했다. 늘 미적지근하게 프로그램에 참여하던 분이 갑자기 태도가 바뀐 것이 좀 놀랍기도 했지만, 이야기를 다 듣고 나니 이분이 그렇게 될 수밖에 없었던 배경에 수긍이 가기 시작했다.

"전체 일정이 두 시간이 넘는 고궁 방문 프로그램을 통해서 고궁 안내인이 설명하는 대로 '고궁의 아름다움과 고궁이 품고 있는 역사에 대해 알게 되어 매우 보람된 시간을 보낼 수 있었다' 정도에서 끝났으면 그냥 거기서 마무리되었을 겁니다. 그런데 진짜 제 눈에 들어온 것은 고궁이나 대궐이 아니라 숲과 꽃, 정원이었어요. '서울시내 한복판에 이런 곳이 있다니!' 하는 놀라움으로 시작해서 저 나무, 이 꽃 한 송이까지 정말 예쁘게 보였어요. 그냥 한마디로 행복했습니다."

자신이 왜 그렇게 나무와 숲에 빠졌는지 가만히 생각해보니, 이제까지 숱하게 산행과 등산을 다니면서 마치 어떤 행사나 이벤트를 치르듯 무심코 지나쳤던 나무와 숲을 '나와 숲'이라는 주제로 제대로 대할 수 있었던 것은 정말 오래간만이었다는 것이다.

함께 작성했던 이력서로는 도저히 파악할 수 없었던 이분의 커다란 잠재적 성향은 '숲에 대한 애틋함'이었다. 하루에 버스가 딱 두 번 지나가는 강원도 산골에서 태어나 어린 시절을 보낸 추억 속에는 숲과 나무 그리고 들꽃에 대한 사랑이 있었고, 그 속에 편안함과 안녕이 들어 있었다. 강원도 소재 고등학교에서 수재 소리를 듣다가 서울에 있는 대학으로 유학을 오고, 이어서 바로 취직해서 회사생활에 찌들어 지내다 보니 이제야 '소싯적' 정감이 튀어나오게 된 것이다.

하지만 컨설턴트인 나로서는 같이 얼굴을 마주보면서 "아, 아름다운 이야기네요" 하고만 있을 수는 없었다.

"숲 해설가라는 자격증이 있는데, 한번 도전해보시겠습니까?"

내가 그분에게서 읽은 포인트는 '산'이 아니라 '숲'에 대한 애정이었다. 흔히 말하는 대로 산을 타는 것이 아니라 나무와 삼림에 대한 관심이 주안점이라는 것이다.

그럼 이분은 그 후에 어떻게 되었을까?

'숲 생태아카데미'에서 기본 과정을 마친 그는 이론과 현장 강의를 포함해서 8개월에 걸쳐 전문가 과정을 이수한 후 산림청이 주는 숲 해설가 자격증을 받았다. 서울 근교로 출장을 나가 몇 번의 숲 해설을 해보더니, 나중에 소식을 들어보니 반포동 아파트를 전세 주고 강릉에 있는 아파트를 전세를 얻어서 부인과 같이 지내고 있다는 것이다. 태백산맥의 여러 숲을 가보기 위해서는 아무래도 인근에서 사는 것이 좋겠다는 판단에서 그리 하셨단다.

이분의 차후 계획은 다음과 같다.

강릉 아파트의 전세가 끝나면 다음은 전라도 내장산 인근으로 전세를 얻어 가서 또 다른 숲을 즐기면서 뒹굴고, 몇 년이 지나면 숲 해설가로서 책을 한 권 내는 것이다.

수구지심(首丘之心). 퇴직 후 혹은 은퇴 후 내가 태어난 고향 언덕으로 다시 갈 수 있다면 이 또한 커다란 행복이 아니겠는가?

면접 전문가는 면접을 제대로 볼 수 있을까?

L전자 출신의 김면접 상무는, 퇴직 후 지원한 세 번째 회사에서도 떨어졌다. 서류심사는 통과했는데, 인터뷰에서 떨어진 것이다. 세 번 연거푸 인터뷰에서 떨어졌다면 분명히 뭔가 문제가 있다고 생각한 담당 컨설턴트가 내게 조언을 구했다. 김면접 상무와 잠시 만나 인터뷰 경과에 대한 이야기를 들어보니 김 상무는 전형적인 '단방향'(單方向) 면접 전문가였다.

대기업의 팀장급 이상 출신 고객에게서 공통적으로 발견되는 사항 중 하나는 그들이 모두 '인터뷰 전문가'라고 자처한다는 점이다. 최소한 100건 이상 인터뷰를 해봤다거나, 본인이 인터뷰해서 뽑은 누구누구가 지금 도쿄 지사장이라거나, 미국 MBA 나온 지원자들을 무더기로 탈락시켜봤다는 등 인터뷰에 대한 이야기가 거의 무용담 수준으로 끊이지 않는다.

기업에서는 사원을 뽑을 때 HR에서 1차 면접을 치르고, 이어 유관부서 팀장들이 2차 면접을 보는 것이 보통이다. 따라서 적어도 회사생활 20년차 이상의 베테랑들이라면 다양한 면접 경험을 겪는 것은 당연하다. 그런데 재취업 시장에서 이런 전문가적 자신감은 오히려 독이 될 수 있다. 왜냐하면 그들은 '면접관'으로서 면접을 겪은 것이지 시험을 치르러 간 '면접자'의 신분으로 겪은 것이 아니기 때문이다.

죄를 지은 검사 출신 변호사가 피의자 신분으로 친정인 검찰에 소환되어 심문을 받게 되면, 검사 시절 호랑이 같던 그도 주눅이 들고 소심해지고 작아진다. 책상의 이쪽에 앉느냐 저쪽에 앉느냐에 따라 확연히 입장이 달라진다. 팀장 혹은 임원 출신들이 체득한 면접의 기술은 저쪽 책상이 아니라 이쪽 책상에 앉아서 얻은 것이다. 면접을 주도하고, 질문을 던지고, 압박면접도 해보고 어떻게 보면 완벽한 '갑'의 입장이었지만, 이제는 입장이 바뀌었다. 질문이 아닌 답을 해야 하고, 스트레스도 받고, 자기 자신을 세일즈해야 하는 영업사원의 입장이 된 것이다.

어깨에서 힘을 빼야 한다. 올라간 턱도 좀 내리고, 넥타이가 바로 매어져 있는지 거울도 봐야 한다. 신입사원과 같은 심정으로 초심으로 돌아가 겸손해져야 한다.

한국에는
요리사 자격증이
없다

김 상무는 참 말수가 적은 고객이었다. 외국 기업인 H사에서 총무담당 임원으로 퇴직을 했는데 (좀 미안한 표현이지만) 스마트하거나 적극적인 업무 스타일은 아닌 것으로 파악되었다. 나이도 50대 완전 끝무렵이라 재취업을 하려면 시간이 좀 걸릴 것으로 생각되었다. 이런저런 판단에 따라 이른바 낮춰서 가는 구직활동에 초점을 맞추고 프로그램을 진행하려 했다.

그런데 이렇다 저렇다 말이 없으니 필자의 컨설팅과 가이드라인을 받아들이는 것인지 아니면 다른 의견이 있는지 도통 알 수가 없었다. "이런저런 사항은 어떠십니까?" 하는 질문을 던져봐도 그냥 알아서 해달라는 답뿐이었다.

그런데 3개월의 프로그램 일정이 거의 끝나가면서 이제 단 2회의 상담 일정만 남게 되었을 때였다. 김 상무와 상담 후 생맥주 한 잔을 할 기회가 있었다. 맥주 한 모금을 마신 김 상무가 툭 한 마디를 했다.

"저는 파스타 집 주인이 되고 싶습니다."

와우, 이런 낭패가 있나! 창업을 생각하고 있는 사람을 재취업에 맞춰서 컨설팅을 하다니?

"사실, 이런 생각을 굳힌 것은 며칠이 되지 않습니다."

휴, 그렇다면 다행이다.

김 상무 본인은 요리에 재능이 있다고 생각해본 적이 한 번도 없었다고 했다. 그런데 집에서 김치찌개라도 한 번 끓이면 다른 모든 일은 잊고 찌개 끓이는 일에 몰두해서 매우 만족하며 음식을 만드는 자신을 발견하게 되었다는 것이다. 좀 더 간단한 스파게티를 만들 때는 흥이 나는 것도 느꼈다고 했다.

"비교적 재테크는 잘 되어 있어서 국민연금과 개인연금을 합하고, 있는 예금과 집 한 채를 고려하면 우리 내외가 생활하는 데 큰 어려움은 없습니다. 그런데 길게 가져가야 할 일이 필요하다는 권 사장님 말씀을 듣고 그것이 무엇인가를 열심히 생각했습니다. 그리고 내린 답은 테이블이 서너 개밖에 없는 작은 파스타 집을 운영하는 겁니다. 저는 요리하는 것이 너무 즐겁습니다."

고객이 고심해서 하고자 하는 일을 스스로 정해서 온다면, 컨설턴트 입장에서는 매우 즐거운 상담이 된다. 알 수 없는 '그 일'을 찾아내야 하는 부담이 줄어들기 때문이다.

"그런데 자격증은 미리 준비하셨나요?"

"아, 이제부터 요리사 자격증을 따려고 합니다."

이 말을 듣는 순간, '가야 할 길이 멀구나' 하는 것을 바로 알 수 있었다.

한국에는 요리사 자격증이 없다. 한국기술자격검정원에서 주는 것은 '요리사'가 아니라 '조리기능사' 자격증이다. 한식, 양식, 중식, 일식, 복어의 5종 기능사 자격증이 있다. 보통, 공부할 내용이 가장 많은 한식부터 도전해서 너댓 개를 획득하는데, 단 하나만 따는 경우도 있다.

김 상무에 대한 컨설팅 내용은 다음과 같았다. 우선 급여가 적더라도 재취업을 추진한다. 하고자 하는 일을 위해서는 조리사 자격증이 필요한데, 학원 다닌다고 직장을 쉴 수는 없으니까. 다만 퇴근시간이 일정해서 저녁 때 학원을 갈 수 있어야 한다. 둘째, 주말에는 가게를 열 수 있는 장소를 물색하러 다닌다. 이 부분은 당사의 창업 전문가 도움을 일부 받기로 했다. 셋째, 재취업한 회사에서는 버틸 수 있는 한 오래 다니도록 한다(그래봐야 보통 3~5년 내외지만).

결국 하고 싶은 일에 최적화된 재취업 전술을 구사한다는 것으로 요약할 수 있다. 김 상무의 성실함이 이 모든 계획을 잘 이끌어 나갈 수 있는 원동력이 되리라 믿었다.

몇 달 후 인사를 드리려고 김 상무께 전화를 했다. 밝은 목소리로 잘 지낸다고 하면서 양식조리사 자격증을 따려고 하는데, 이론시험을 통과해서 조만간 실기시험을 치를 것이라고 했다. 그리고 그 다음 이어진 말이 나를 울컥하게 만들었다.

"근데요, 집사람이 나중에 가게 열면 자기는 홀에서 일해야 하니까, 홀에서 서빙하는 커피는 본인이 책임지겠다고 하면서 요즘 바리스타 학원을 다녀요."

아, 이 집은 분명히 된다! 임원 사모님 출신이 앞치마 두르고 손에 물 묻혀가면서 식탁을 닦는 것은 처음에는 매우 어색하고 하기 힘든 일이다. 보통 아르바이트 학생이나 하나 쓰라고 하고는 문 닫는 시간에 정산하려고 나오면 다행이다. 그런데 완벽한 서빙을 위해 커피 만드는 법을 배운다니! 이 부부는 분명히 된다!

안전한 선택이 꼭 좋은 선택은 아니다

강 이사는 좀 일찍 승진한 케이스이기는 하지만, 외국 회사가 아닌 국내 대기업에 있었다면 차장 고참이나 신임 부장 정도 달고 있을 만한, 그리 길지도 짧지도 않은 직장 경력을 갖고 있었다. 대학은 국내 일류대학 공대를 나왔고, 미국 유명 대학원의 MBA 학력을 갖고 있었다(학력만 놓고 본다면 상당히 경쟁력 있는 스펙이다).

그런데 그가 몸담고 있던 외국 IT회사가 구조조정이 아니라 아예 회사를 폐쇄하는 결정을 내리는 바람에 모든 임직원이 회사를 나오게 되었고, 강 이사도 별 수 없이 다른 직장을 찾을 수밖에 없게 되었다.

그를 무려 9개월간 전직 컨설팅을 했지만, 서비스

기간이 끝날 때까지 강 이사는 새로운 직장을 확정 짓지 못했다. 좋은 학력, 좋은 전 직장, 의미 있는 업무 경험 등으로 신속하게 이직에 성공할 수 있는 사람이었지만, 문제는 소심함이었다. 이른바 '안전하게 합격할 수 있는' 포지션만 지원했기에 문제가 된 것이다. 무슨 말이냐고? 대학입시도 수시가 끝나면 정시에서 하향 지원해서 합격을 노리는데, 직장 구하는 것도 같은 논리 아니냐고 할 수 있을 것이다. 물론 같지만, 사실은 다르다.

강 이사는 처음부터 겁을 내고 있었다. 좋은 대학, 대학원 나와서 별 걱정 없이 글로벌 기업에 취직하고, 이사까지 승진하는 과정에서 고민의 시간이 없었던 까닭에 역경에 대한 내성이 별로 없었다. 어디든 좀 빨리 입사해서 들어가자는 생각이 강했다. 고객이 필자와 마지막까지 의견이 맞지 않았던 것은 쉽게 합격할 것 같은 A회사와 좀 어려워 보이는 B회사의 면접을 동시에 앞두고서였다. B회사 지원을 추천한 나의 의견과 달리 강 이사는 A사를 지원했다. 그리고 떨어졌다.

필자는 강 이사와 복기의 시간을 갖고자 했지만 강 이사는 머리를 식힌다고 하면서 부인과 2주간 여행을 다녀왔다. 그리고 돌아오자마자 영화 《포레스트 검프》에 나오는 '벌레 먹은 사과' 회사의 플라이백 인터뷰(Flyback Interview)에 응하게 되었다.

플라이백 인터뷰는 구인 회사가 구직자에게 비행기표와 숙박비용을 제공하고 구인 회사가 원하는 장소로 이동해서 인터뷰를 실시하는 경우를 말한다. 미국이나 EU 내에서는 흔히 있는 일이지만 한국에서는 매우 드문 경우이고, 시간과 돈이 드는 만큼 플라이백 인터뷰를 한다는 것은 거의 합격으로 이어진다고 볼 수 있다.

일본 도쿄까지 인터뷰를 다녀온 강 이사를 만났다. 하루 종일 네 차례의 인터뷰를 각기 다른 사람과 했는데, 그중 한 사람은 Hiring Manager였다. 즉, 입사하게 되면 바로 그 사람 밑에서 일하고, 직접 보고를 해야 하는 직속 보스와 인터뷰를 했다는 말이었다.

그런데 그와의 인터뷰 내용을 가만히 듣다 보니 마음에 걸리는 대목이 있었다. 지원한 포지션이 아닌 하나 아래 레벨의 포지션도 비어 있는데, 만일 그 자리를 제안하면 받아들이겠냐는 질문이 있었다는 것이다. 강 이사는 그 자리라도 고맙게 생각한다고 답했다고 했다. 해답은 그것이 아닌데……. 3주 후 강 이사는 떨어졌다는 통보를 받았다. 파이널 리스트(final list)에 딱 두 명이 있다고 들었는데 확률 50% 면접에서 떨어진 것이었다.

글로벌 회사에서 면접 탈락을 통보하면서 흔히 사용하는 표현에 'over-qualified'라는 것이 있다. 그 보직에 두기에는 재능과 역량이 과하다는 것이다. 앞서 A회사도 그렇고, '사과' 회사도 그렇고 강 이사에게 맞는 것은 보다 도전적인 보직이어야 했다. 보수적으로 안전한 합격만을 노리는 것이 꼭 좋은 선택은 아닌 것이다. 좋은 회사일수록, 시스템이 갖춰진 회사일수록 사람을 채용할 때 최고의 인력(best person)이 아니라 가장 적합한 인재(right person)를 뽑는다. 서울대학교 출신이 100% 취업을 하지 못하는 이유이기도 하다.

창업,
준비된 사람이
미래를 연다

창업에 왕도는 없다. 그저 잘 준비한 사람이 잘할 뿐이다.

고객이 창업을 할 계획을 갖고 있다고 하면 우리가 제일 먼저 보는 것은 준비상황이다. 두 가지 의미가 있는데, 하나는 창업에 대한 기본적 자질이고 또 하나는 시간을 갖고 필수요소를 사전에 준비했는가 하는 것이다.

'장사'는 '사업'과 다르다. 멋들어진 경영학 용어와 재무적 숫자관리에는 문외한이지만 선천적인 장사수완과 고객 접점에서의 능란한 소통능력이 있는 사람이 있다. 1조 원 매출 목표로 대기업을 꾸려나갈 것이 아니라면 장사는 이런 사람이 해야 한다. "어서 오세요!"라고 외치는 것조차 머뭇거리는

은퇴는 없다

가게 주인이 대박을 칠 가능성은 당연히 없다. 오후 느지막이 가게 문을 여는 일식집 주인이 부럽다는 어느 창업 희망자는, 그 주인이 잠을 설쳐가면서 매일 새벽마다 농수산물 시장에 가서 물건을 떼어온다는 사실을 잘 알고 있지는 못하리라.

《미스터 초밥왕》이라는 27권짜리 일본 만화가 한때 한국에서 유행한 적이 있었다. 작은 항구의 스시 집 아들인 '쇼타'가 도쿄에 가서 갖은 어려움을 극복하고 스시 요리사로 성공한다는 스토리인데, '쇼타'의 성공 비결 중 하나도 견습 시절부터 새벽마다 수산물시장에 가서 견문을 넓힌 것이다. 부지런함, 부드러운 대인관계, 자기 업종에 대한 자부심, 성공하겠다는 간절한 의지. 누구나 말은 할 수 있어도 정말 실천하기에는 힘든 그런 덕목들을 머리가 아닌 몸으로 이미 체득했거나 짧은 시간 내에 체득할 것으로 보이는 창업 희망자가 아니라면, 우리 컨설턴트가 하는 첫 번째 일은 "하시지 않는 것이 좋겠다"는 만류의 컨설팅이다.

좀 아이러니하지 않은가? 창업 희망자에 대한 최초의 조언이 "하지 말라"라니……. 선천적으로 장사가 체질인 사람은 이미 옛날에 회사를 그만두었을 것이다. 자신의 '장사 끼'를 주체하지 못했을 테니까. 훌륭한 가수나 배우가 되겠다고 노력하는 사람이 누구나 훌륭한 가수나 배우가 되는 것은 아니지만, 타고난 '예능 끼'를 갖고 있는 사람이라면 결국 예능 커뮤니티 어디에선가 살아가게 마련이다.

점쟁이가 아닌 이상 창업 컨설턴트는 다양한 진단도구를 활용하고(assessment), 수개월에 걸친 면담을 통해 진로를 조정한다. 그만큼 창업은 어렵고 힘들다.

몇 주 전 나른한 오후, 갑자기 사무실 내에 빵 냄새가 가득해지더니 여러 가지 종류의 빵을 직원들이 나누고 있었다. 고객 중 한 분이 송파구 쪽에 프랜차이즈 빵집을 개업했는데, 개업 기념 빵을 보내온 것이다. 부디 잘 되시기를 기원한다!

장사 자질이 없더라도 준비가 철저하면 창업을 할 수 있다. 부동산중개업을 하겠다면 퇴직 이전에 기본적으로 부동산중개사 자격증을 확보하고 있어야 하고, 보험모집인 활동을 하고 싶다면 보험설계사 자격을 사전에 준비하는 것이 바람직하다(보험설계사는 자격시험, 연수, 최소 경력 등 좀 복잡하다). 아니면 최소한의 사전활동을 했어야 한다. 권투선수가 스파링 없이 링에 올라가는 경우가 있던가? 퇴직 후 시작한다고 해서 꼭 늦다고 볼 수는 없겠지만, 늘 쫓기듯이 일을 처리하면 성공률이 저조한 경우가 많다.

50대 초반의 한 여성 고객은 2년 전부터 주말 아르바이트로 'J' 브랜드의 반찬 프랜차이즈 가게에서 부정기적으로 일을 했다. 사는 동네에서는 좀 창피해서 일부러 연고지가 아닌 곳에 가서 일을 배웠다. 그리고 명예퇴직을 하고 몇 달 뒤 그는 'J' 브랜드 프랜차이즈 가게를 수도권 전철역 인근 주상복합건물에 열었다. 반찬가게라면 소형 평수 아파트 단지를 떠올리는 사람이

은퇴는 없다

많지만 이분은 요즘 같은 불경기에는 새댁들이 웬만하면 반찬을 직접 만들어서 먹기 때문에 차라리 1인 가구나 오피스텔처럼 취사에 게으른 사람들이 많은 지역이 더 유리하다고 판단했다. 아르바이트를 하면서 얻은 정보와 지식이 준비된 창업의 길로 인도하게 된 것이다.

어느 서적 제목이기도 한데 어느 때부터인가 자기소개서에 자주 등장하는 표현이 있다.

"준비된 사람이 미래를 연다."

몸에 맞지 않는 명품은 명품이 아니다

'Yahoo Live'에서 발견한 글을 소개한다. 제목은 'Can you judge who is the better person out of these three?'이다.

Mr. A는 불량한 정치인들과 교류를 하고, 점성술사에게 자문을 구하고, 부인이 두 명이고, 하루에 여덟 번 내지 열 번 술을 마신다.

Mr. B는 관직에서 두 번이나 쫓겨났고, 보통 정오까지 늦잠을 자고, 대학 시절 아편을 피우곤 했으며, 매일 위스키를 마신다.

Mr. C는 전쟁영웅으로 훈장을 받았고, 채식주의자이고, 술·담배를 모두 안 하고, 그의 부인을 속인 적이 없다.

은퇴는 없다

당신은 누가 더 나은 사람인지 판단할 수 있는가? 뭐 이렇게 이야기하면 보통 눈치를 채고, Mr. C가 꼭 좋은 사람은 아니라고 말할 것이다. 사실 그렇다. Mr. A는 제2차 세계대전을 승리로 이끈 미국의 프랭클린 루즈벨트 대통령이고, Mr. B는 대영제국의 윈스턴 처칠 수상이다. Mr. C는 누구일까? 아돌프 히틀러다.

이 글은 개인의 습관과 개성을 갖고 쉽사리 판단하지 말라는 메시지를 전달하고자 한 것인데, 필자가 보기에는 오히려 대상에 대한 스테레오 타입의 고착적인 생각을 하지 말라는 의미가 더 커 보인다.

매출 1조 원에 종업원 2,000명 그리고 누구나 알아주는 A회사가 매출 500억 원에 종업원 100명인 B회사보다 더 좋은 회사라고 생각하지 말아야 한다. 왜냐고? A회사는 영업손실 500억 원의 적자회사이고, B회사는 영업이익이 50억 원인 회사이기 때문이다.

최영희 대리(가명)는 S전자 해외영업 팀과 B전기 국내 마케팅 팀 두 곳의 오퍼(offer)를 받고 고심하기 시작했다. S전자는 누구나 알듯이 연 수조 원의 매출을 기록하는 대기업이고, B전기는 이제야 사람들이 알아주기 시작한 신흥 IT기업이다. 연봉도 S전자가 조금 더 높았다.

전직 컨설팅 전문가의 조언은 B전기였다. 3개월의 컨설팅을 통해 최 대리의 장단점을 파악하고 있는 컨설턴트는 영어 실력이 부족하고, 빡빡한 조직생활을 좋아하지 않는 최 대리가 집에서 1시간 30분 거리에 있는 S전자를 다니기에는 역부족으로 판단하였다. 그리고 B전기는 영어에 대한 압박이 심하지 않고, 비교적 자유스러운 분위기이고, 금년 실적만 좋으면 내년에는 코스닥에 상장이 예견되기 때문이었다.

하지만 최 대리는 S전자의 명함을 갖고 싶었다. 다른 사람들에게 자기가 S전자에 다닌다는 것을 보여주고 자랑하고 싶었다. 그래서 S전자로 재취업했다. 1년 뒤 최 대리는 어떻게 되었을까? 최 대리는 다시 전직을 고심하고 있고, B전기는 코스닥 상장을 해서 종업원들은 우리사주를 받았다.

위의 예에서 보듯이, 어떤 사람이 좋은 사람인가, 어느 회사가 더 좋은 회사인가에 대한 결론은 누구나 생각할 수 있는 그런 방식으로 접근하면 안 된다. 아무리 명품이라고 해도 한 치수 큰 옷을 입으면 안 된다. 우스꽝스럽게 보이니까. 마찬가지다. 내게 어울리는 회사가 좋은 회사다.

지난 10년간 자영업의 성공 확률은 16%

한국의 베이비붐 세대가 인생 이모작을 추구하는 과정에서 나타나는 가장 큰 특징은 자영업 쏠림 현상이다. 한국은 OECD 국가들 중에서도 유달리 자영업의 비중이 높다. 2013년 기준으로 27.4%에 해당되는데, 이는 OECD 국가 중 4위다. 자영업의 주종은 치킨집을 포함한 음식점이 1위이고, 주점·유흥업소 등이 2위, 옷가게·잡화점 등이 3위이다.

우리가 주의 깊게 보아야 할 사항은 전체 자영업자 중에서 50대의 비중이 점차 높아지고 있다는 사실이다. 50대의 비중은 2013년도에 이미 30%를 넘었다. 이것이 바로 우리가 걱정하는 자영업 쏠림 현상이다. 왜냐하면 지난 10년간 통계를 보면 자영업의 성공률은 불과 16.4% 정도이기 때문이다. 동네 치킨집 사장과 프랜차이즈 커피집을 운영하면서 인생의 후반전을 대비하는 것은 점점 더 어려워지고 있다.

우리 회사에서는 창업을 희망하는 퇴직자들을 대상으로 여러 가지 교육 프로그램을 운영한다. 이를 통해 재취업과 마찬가지로 변화관리, 진단, 목표설정 등의 과정을 거친다. 가장 중점을 두는 부분은 진단 부분이다.

1번, 재정상태부터 확인한다. 하고자 하는 사업 아이템에 따라 필요한 초기 자본을 충분히 갖고 있어야 한다. 사업이 잘 안 되었을 경우 재정적인 충격을 흡수할 수 있을 정도의 예비비도 있어야 한다.

2번, 자영업에 맞는가 적성검사를 한다. 학창 시절, 미래의 직업을 점쳐주었던 적성검사와는 확연히 다르다. 지난 30년간 축적된 경험 위주로 새롭게 시작하려는 사업과의 연계성을 보다 주의 깊게 들여다본다. 직장생활을 하던 산업군과 너무 동떨어진 자영업을 원한다면 실패할 확률이 높다.

3번, 인성검사도 한다. 소심하고 부끄러움을 잘 타는 치킨집 사장을 상상해보라. 망하기 딱 좋다. 창업 컨설팅 프로그램의 시작 부분은 안 될 사람을 걸러내는 과정이다.

일반적인 경우와 약간 다르기는 하지만 다음과 같은 자영업의 예도 있다. 부인이 운영하는 부동산중개업소에서 같이 일하는 동료로서 자영업에 뛰어든 사람이 있고(물론 부사장이다), 부산이 고향인 어떤 퇴직자는 부산

은퇴는 없다

의 명물 씨ㅇ호떡을 백화점에 납품하는 중개업에 뛰어들었다. 약간의 여윳돈이 있던 분은 유명 브랜드 프랜차이즈 커피집을 하면서 동시에 동네 인근에 자기 이름의 커피집을 냈다(나중에 자기 이름의 커피집에 올인할 예정이다).

자영업의 성공요소는 치밀한 계획, 끝없는 성실함, 그리고 운이다. 2000년대 중반만 해도 치킨집은 어느 정도 돈을 벌었다. 하지만 곧 레드오션이 되었고, 2012년에 치킨집 수는 정점을 찍고 지금은 오히려 조금씩 줄어드는 추세다. 역시 무엇을 하든 운이 조금은 따라주어야 한다.

진정으로
가고 싶은 회사를
찾는 법

경력직 사원을 채용하기 위해 면접을 본다.

"먼저 직장은 왜 그만두셨나요?"

A군. "동종업계 대비 급여가 너무 낮았습니다."

B양. "3개월치 월급이 밀릴 정도로 회사 재무상태가 좋지 못했습니다."

C양. "회사가 집에서 너무 멀었습니다. 한 시간이나 걸렸습니다."

직장인들이 회사를 그만두는 이유는 천차만별이다. 그런데 어떤 이유는 다른 사람들이 보기에 너무 엉뚱하다. 요즘처럼 취업이 어려운 환경에서, 직장이 너무 멀어서 그만둔다고 하면 사람들은 잘 이해하기 어렵다. 필자가 면접을 본 사람 중에는 회사의 회식이 너무 잦아서, 더 이상 과음하기 싫어서

은퇴는 없다

사표를 냈다는 사람도 있었다.

미국에서는 회사의 위치가 대단히 중요한 선택요소가 된다. 뉴욕에서 캘리포니아로 직장을 바꾼다면 이건 비행기로 네 시간이나 걸리는, 거의 이민에 가까운 거다. 그런데 옮겨가는 도시가 샌프란시스코처럼 캘리포니아에 있다면 이상하리만큼 후한 점수를 주는 경우를 많이 보았다. 다른 조건이 같다면 기후가 좋은 캘리포니아에 있는 직장을 선택하는 경향이 있다는 것이다. 샌프란시스코를 가본 적이 없는 사람은 전혀 이해 불가할 것이다. 마마스 & 파파스(Mamas and Papas)가 부르는 캘리포니아 드림(California Dreamin')을 들어보시라. 따뜻한 LA로 가자고 목소리를 드높이고 있지 않은가.

전직 컨설팅에서는 IWP(ideal work preference)라는 툴을 통해 재취업을 하기 전에 먼저 각 개인의 직장 선호도를 정확히 파악함으로써 후회 없는 직장 선택이 되도록 가이드하고 있다.

직장에서 퇴직하는 사유는 결국 회사를 선택하는 이유와 일맥상통한다. IWP의 구성요소는 두 가지로 나누어지는데, 유형적인 요소와 무형적인 요소가 있다. 유형적인 요소는 (1)급여 - 본봉, 수당, 보너스, 스톡옵션 등 (2)회사현황 - 업종, 규모, 수익성, 다변성, 전문성, 기업공개 여부 (3)직책 - 역할, 보호체계, 책임과 권한 (4)진급체계 (5)근무지역 (6)출퇴근 거리 (7)출장빈도 등이다. 무형적인 요소로는 기업문화와 사무환경을 말할 수 있다.

유형적인 요소 중에서는 여전히 급여 부분이 가장 중요하지만, 최근의 경향은 급여가 '필요충분조건'은 아니라는 것이다. 급여가 좀 낮더라도, 다른 요소를 더 중요하다고 여기는 경향이 높아졌다. 헤드헌터들의 경험을 들어보면, 후보자들이 전에는 급여를 최우선적으로 본 다음 다른 조건을 보았는데, 요즘은 본인이 원하는 항목의 조건을 먼저 본 다음에 급여가 웬만하면 이직을 선택한다는 것이다.

예를 들어 벤처기업인 경우는 기업공개 여부가 핵심적 조건이 된다. 스톡옵션이나 우리사주를 받아 백만장자의 반열에 오른 신데렐라 같은 이야기가 미국 실리콘밸리에서 심심치 않게 들려온다. 한국에서도 2000년을 전후한 닷컴(.COM) 열풍이 불었을 때 대기업을 박차고 벤처기업으로 전직한 직장인들이 매우 많았던 것은 주지의 사실이다. 가정에 대한 충실도가 한국보다 매우 높은 유럽 국가에서는 국내외 출장 횟수가 많으면 좋은 일자리가 아니라는 견해가 지배적이다. 심지어 구인광고에서 전체 근무시간 중 출장이 차지하는 시간이 몇 %라고 표기하는 경우도 있다. 근무지역에 대해서 예를 들자면, 서울의 20대 여성 직장인들이라면 서울의 강남지역 특히 강남역에서 삼성역에 이르는 테헤란로 주변 지역을 우리가 상상하는 것 이상으로 선호하는 경향이 있다.

무형적인 요소 중 기업문화에 대한 이야기는 많이 들었으리라 믿는다. 이를테면 해마다 취업을 원하는 대졸자 대상으로 설문조사를 하면, 회사의

은퇴는 없다

수익성과 급여수준에 비해 'C그룹'이 항상 기업 선호도 최상 그룹에 속한다. 기업문화 배점에서 항상 좋은 점수를 받기 때문이다. 근무환경이 보수적인지, 협동적인지, 군대식인지에 따라 직장 선호도가 정해지는 수가 많다. 국내 최고 수준의 제조업체인 'P회사'는 전에는 사무직원들까지 고동색 '워커'(군화)를 신고 근무했다. 최근 서울시와 삼성전자 등에서 직원들의 반바지 착용을 허용한 것과 비교하면 격세지감이 있다.

인적 환경 요소에서는 뭐니 뭐니 해도 어떤 상사인가 하는 것이 가장 중요하다. 직장생활을 해본 사람이라면 누구나 다 알겠지만, 상사의 유형은 많고도 많다. 협조적인가, 재량권을 부여하는가, 실수에 관대한가, 전문적인가, 보고서 작성을 극히 선호하는가, 결과중심적인가 등 정말 여러 가지 타입이 있다. 감히 말하건대, 지구상의 어떤 회사에 다니건 퇴직자가 꼽는 퇴직사유 톱5 중 하나가 바로 상사와의 갈등이다.

글로벌 IT회사로 유명한 'C회사' 출신 김동국 대리(가명)는 역량이 출중하고, 성격도 무난하고, 더욱이 엔지니어 출신인데 영어회화도 능숙했다. 전직 컨설팅 프로그램 종료 시점에 무려 세 군데에서 오퍼 시트(offer sheet)를 받았다. 필자가 보기에 다 괜찮은 회사고 다 좋은 보직이었다. 그런데 김동국 대리는 별다른 고민 없이 그중 한 회사를 선택하였다.

위에서 설명한 IWP요소 중 무엇이 김 대리를 움직였을까 궁금했다. 아무래도 김 대리가 선택한 회사가 기업공개를 앞두고 있었으므로 이러한 요소가 가장 중요한 것이 아니었을까 추측해보았다. 그런데 김 대리가 생각한

요소는 너무도 단순하였다.

"그 회사에 제가 학교 다닐 때 있었던 랩(Lab) 출신 선배, 후배가 아주 많아요."

랩(연구실) 출신의 이공계 엔지니어가 아니라면 절대로 이해 못할 배경이다. 판사, 검사, 변호사들이 평생을 두고 사법연수원 기수로 선후배가 결정되듯 평생을 엔지니어로 성장할 사람들은 학교 때 랩 출신 선후배와의 관계는 거의 절대적이다. IWP는 정말로 개인적이다.

어느 회사가 진정 내가 가고 싶은 회사인지 혼동이 된다면 위에서 언급한 여러 요소의 가중치를 정하고 곱셈 덧셈의 과정을 거친 총점을 한번 들여다보라. 나름 좋은 참고자료가 될 것이다.

이직·전직을 앞두고 있다면 VP를 따져라

IWP의 또 다른 얼굴이라 여겨지는 개념이 Value Proposition(이하 'VP')이다. IWP는 지원자가 임의적이고 주관적으로 본인의 호불호에 따라서 선택하는 과정이지만, VP는 입사를 원하는 불특정 다수의 지원자들을 위해 회사가 지원자들에게 줄 수 있는 유무형의 가치[value]를 잘 포장해놓은 일종의 종합선물세트다.

갓 직장생활을 시작하는 사람들은 회사가 자신에게 주는 것을 단순히 급여와 사무실 책상, 사원증이라고 생각한다. 하지만 직간접적으로 우리가 회사에게 기대하는 것 또는 향후 받게 되리라고 생각하는 가치는 여러 가지다.

필자가 이 개념을 처음 접하게 된 것은 실리콘밸리

에 있는 어떤 IT회사의 한국 국적 엔지니어를 스카우트하려고 할 때였다. 이 대상자는 본인이 한국에 있는 회사로 옮긴다면 회사가 자신에게 줄 수 있는 value proposition이 무엇이냐고 물었다. 순간, 조금 당황했다. 이게 무슨 말이야? 눈치로 보아하니 부가혜택(fringe benefit) 같은 것을 물어보는 것 같았다. 그런데 나중에 value proposition을 정확하게 이해하고 보니 참으로 심오한 뜻이 담겨 있음을 알게 되었다. 단순히 유무형의 가치라고 할 수 없는, 대단히 광범위한 의미를 갖는다.

우선 VP는 근무환경(work environment)과 인적환경(people environment)으로 나누어진다. 흔히 우리가 생각할 수 있는 급여, 보너스, 복리후생, 회사의 발전 가능성 등은 근무환경에 속한다. 그런데 VP의 핵심은 인적환경에 있다. 불과 몇 년 전까지만 해도 글로벌 인재가 한국의 회사에 의미 있는 정착을 하기가 너무 힘들었다.

2005년에서 2010년 사이 국내 최고 수준의 전자회사에서 'C-level'에 대거 외국인 임원들을 영입했다. 상당수는 맥킨지(McKinsey) 컨설팅 회사에서 모셔왔는데, 몇 년 지나지 않아 모두들 회사를 나갔다. 그들을 영입한 회사의 수장이 퇴임한 까닭도 있겠으나, 그 전자회사가 외국인 임원들을 불러올 만큼 근무환경이 준비되지 않은 것이 주된 이유였다.

지금 퇴직을 했다면 혹은 전직을 앞두고 있다면 새로 취업하려는 회사가 나에게 줄 수 있는 VP가 무엇인지 정확히 알아보자. 훌륭한 'value'를 효율적으로 구성해놓은 종합세트라면 분명히 그 회사를 택할 의미가 있다.

젊은이들이여, 해외 취업에 눈을 돌려라

우리 회사에 입사한 지 3년이 된 이영희(가명) 선임이 처음 왔던 때가 기억난다.

좀 특이한 그녀의 이력서를 보고 매우 의아했다. 국내 신흥 명문 고등학교인 D외고를 나와, 국내 일류 4년제 대학에서 2개 외국어를 복수 전공하고, 스위스에서 호텔경영(Hospitality Management) 전공으로 석사를 취득했다. 아랍에미리트 소재 7성급 호텔 홍보부에서 근무하다 다시 영국 런던에 있는 최고급 호텔에서 근무했다. 거의 10년 동안의 해외생활을 마치고 한국으로 돌아와 다시 6성급 호텔에서 근무하다 이어서 수도권에 있는 명문 골프장에서 회원관리 총괄 업무를 보았다. 참으로 국내외 여기저기를 유목민처럼 떠돌아다닌 셈이다.

그런 이영희 선임이 무슨 생각으로 전직 컨설팅 회사의 컨설턴트가 되었는지 지금도 참 궁금하다. 그렇지만 결론적으로 그녀의 다양한 경험은 능력 있고 훌륭한 컨설턴트로 활동할 수 있는 자양분이 되었다.

김철수(가명) 부장을 담당한 컨설턴트가 필자에게 하소연을 한다. 김 부장은 초등학교 때 미국 이민을 가서 대학까지 미국에서 나오고, 일류 글로벌 회사에서 6년간 근무하다 뜻한 바가 있어 한국 회사로 입사했다. 그런데 이번에 그 회사에서 나오게 되었단다.
문제는 갈 데가 없다는 것이다. 왜 그럴까? 이중 언어 사용자(bilingual)는 틀림없는데, 생각과 사고방식이 도통 한국 사람이 아니라서 글로벌화가 덜 된(?) 대부분의 한국 기업에서 일하기가 어려워 보인다는 것이다.
의논 끝에 우리는 깨끗하게 한국 내 취업을 포기하고 동남아로 눈을 돌렸다. 3개월 간의 기다림 끝에, 김 부장은 대만 국영 R&D 기업에 2년 계약직 연구이사로 취업했다.

요즘은 특정 국가에 얽매이지 않고 세계를 떠돌며 지내는 젊은 세대를 어렵지 않게 볼 수 있다. 또, 워킹 홀리데이(working holiday)같이 현지 언어를 공부하면서 일도 하는 경험을 해외에서 맛볼 수 있는 여러 가지 프로그램이 많이 소개되고 있다. 그래서 그런지 요즘 젊은이들은 직장을 얻기 위해 해외로 진출하는 것에 거리낌이 없는 것 같다. '세상은 넓고 할 일은 많다'는 말도 있지만, 필자는 '세상은 넓고 직장도 많다'라고 말하고 싶다.

은퇴는 없다

매일 지하철에서 남의 땀 냄새를 맡아야 하고, 퇴근 후 수시로 있는 회식 자리에서의 폭탄주가 싫다면, 이번 퇴직을 앞두고는 해외에서 직장을 구해보는 것이 어떨까? 무슨 자격이 필요하지? 어떻게 준비하지? 하는 고민은 접어두고 해외로의 취업을 긍정적으로 생각해보자.

세계적인 휴양 리조트인 클럽 메드(Club Med)에는 전 세계에서 몰려온 젊은이들이 연 단위 계약으로 일하고 있다. 그들의 호칭은 GO(Gentle Organizer)라고 하는데, 낮에는 수영장에서 구명요원으로 일하고, 밤에는 나이트 클럽 바텐더로 일하는 식이다.

EU 내에서는 인력의 이동이 가능하고 취업의 조건도 그다지 까다롭지 않다. 스웨덴 스톡홀름의 작은 비즈니스 호텔에 묵을 기회가 있었는데, 호텔 바에서 웨이트리스로 일하는 까만 머리 아가씨는 스페인에서 왔고, 빨간 머리 바텐더는 영국 청년이었다. 필자는 미국 뉴욕 맨해튼에서 인턴을 한 경험이 있는데, 돈이 없어서 5층 다락방에서 자취를 했다. 그 당시 (내 방보다 더 작은) 옆방 아가씨는 영국 맨체스터 출신이었는데, 고등학교를 졸업하고는 뉴욕을 느끼고 싶어서 왔다고 했다. 주중에는 시내 캘빈 클라인 매장에서 속내의를 파는 점원으로 일하고 부정기적으로 베이비시터를 하면서 지낸다고 했다. 그 이후에 어떤 커리어를 꿈꾸고 있는지 좀 불안해 보이기는 했지만, 별 걱정 없이 해외 이곳 저곳으로 직장을 구하여 돌아다니는 그녀들이 부럽기도 했다.

우리 한국 청년들에게 필요한 해외취업의 조건은 무엇일까? 필자가 보기에는 두 가지가 필요해 보인다. 생활밀착형 비즈니스 영어 실력과 이문화에 대한 이해심이다. 실생활 영어의 의미는 높은 TOEIC 점수나 셰익스피어의 영어를 말하는 것이 아니라 몸으로 부딪치는, 특히 회사와 길거리에서의 현장소통 영어(Communication English)를 의미한다. 간결한 표현, 정확한 단어 선택, 듣기 쉬운 발음 같은 것이 특징이다.

두 번째 요소는 다문화 소통(Cross-Cultural Communication) 능력이다. 구글의 CEO 순다르 피차이는 1972년 인도에서 태어났고, 애플 신화의 주인공 스티브 잡스가 시리아계라는 사실은 많은 분들이 이미 알고 있으리라. 페이스북의 운영자 마크 주커버그의 부인은 중국계 베트남인이고, 골프 황제 타이거 우즈의 아버지는 아메리카 인디언, 중국인, 흑인의 혼혈이고, 어머니는 태국 국적의 태국, 중국, 네덜란드 혼혈이다.

한국(그리고 일본)은 세계적으로 가장 단일한(homogeneous) 민족이다. 단일 민족은 내부적으로 민족적 갈등은 없을지라도 타 민족에 대한 배타심이 매우 강하다. 아마 화교가 세운 차이나타운이 있다가 사라진 경우는 한국이 유일한 사례일 것으로 생각된다. 그만큼 한국에서 태어나고 자란 일반적인 사람들은 타 민족의 문화와 습관을 이해하는 연습이 덜 되어 있다. 해외 취업을 가능하게 하는 요소는 다문화적 배경에서 흔쾌히 마음을 열어 이해를 하고, 그리고는 흔들림 없이 일할 수 있는 자세다.

향후 몇 년간 한국의 경기가 '현저하게' 좋아질 것으로 보이지는 않는다. 그렇다면 해외 취업을 보다 적극적으로 검토할 필요가 있지 않을까 싶다.

글로벌 감각이란
무엇일까?

김민수 과장(가명)의 귀여운 인터뷰 실수담이 생각난다.

2년 전 봄이었는데, 1차 인터뷰를 마친 다음 갑자기 옆방으로 가서 간단한 영어 인터뷰를 하라는 것이었다. 문을 열고 들어가 보니 30세 전후의 어떤 외국인 여자가 있었다. '자기소개를 해보라' '이 회사에 왜 지원했나' 등 보통 인터뷰에서 나올 수 있는 내용을 영어로 묻고 영어로 답했다. 그런데 갑자기 뜬금없이 '유나 킴'의 사태에 대해서 어떻게 생각하느냐는 질문이 나왔다. 김 과장의 표현에 따르면 그야말로 '머리가 하얗게 되었다'고 한다. 당시 러시아 소치 동계올림픽에서 은메달에 그친 김연아 선수에 대한 온 국민의 서운함은 이루 말할 수 없었던 때였다. 문제는 김 과장이 '유나 킴'이 누군지 잘 모르고 있었다는 사실이다. 프로야구 롯데 자이언츠의 9번 타자가 누구인지까지 알고 있는 김 과장이었지만, 김연아의 영어식 표현이 유나 킴(Yuna Kim)인 줄은 까맣게 모르고 있었던 것이다.

요즘 구인공고를 보면 그냥 모양새를 갖추기 위해 적어놓은 것이 아닌가 할 정도로 영어실력을 필수조항 내지는 우대조항에 넣는 경향이 있다. 정말 영어를 활용할 수 있는 기회가 많은 자리인지는 알 수 없지만, 좋게 보면 그만큼 우리나라의 모든 회사들이 글로벌하게 활동하고 있다는 반증이기도 하다. 그래서인지 '영어 능통자'라는 조건을 필두로, 이제는 미국 시민권자를 우대한다든가 미국 대학 출신을 찾는 회사도 있다.

또 다른 구인공고를 보자. '섬유업종, 베트남 공장장 급히 구함. 베트남어 회화 가능자 우대.' '전자업종, 중국 공장장 구함. 중국어 필수.' 이제는 단순히 영어를 비롯한 현지 언어를 잘하는 사람을 구하는 것뿐만 아니라, 세계 여러 나라의 문화, 풍습 그리고 특히 상관습, 현지법률 등의 경험이 풍부한 사람을 찾고 있다. 글로벌 감각(global exposure)은 이 모든 개념을 포함하는 의미로서, 전 세계 어디에다 갖다 놓아도 비즈니스를 일으킬 수 있을 정도로 글로벌(globalization) 친숙도가 높아야 한다는 것을 의미한다. 'globalization'이 무슨 뜻인지 알려주는 좋은 예가 있어 잠깐 언급하고 지나가기로 하자. 이어령 교수가 어느 강연에서 소개한 '인터넷 글'이라고 한다.

은퇴는 없다

영국 황태자비가 이혼을 하더니 이집트 사람이 남자친구가 되었다. 벨기에 운전기사가 운전하는 독일제 벤츠를 타고 가다가 일본제 오토바이를 몰고 따라오는 이탈리아 파파라치에게서 도망치려다 프랑스 파리에서 교통사고로 죽었다. 사람들이 한국제 컴퓨터로 온라인 쇼핑몰에서 네덜란드산 조화를 주문했다. 그리고 이런 사실을 정리해서 인터넷에 올린 사람은 캐나다 사람이었다.

이것이 바로 'globalization'이다. 우리는 이런 환경에서 비즈니스를 한다. 글로벌 감각이 단순히 유나 킴을 안다고 해결되는 문제는 아니겠지만, 앞으로 더욱더 글로벌 감각을 갖춘 사람이 더 수월하게 직장을 구할 수 있을 것임은 당연하다.

2016년 6월 24일 영국의 브렉시트(Brexit)로 한국 주식시장에서 47조 원이 넘는 돈이 증발했다. 영국의 국민투표가 내 주식투자를 망친 셈이다.

인터뷰는 원래 공정하지 못하다

인터뷰를 진행하다 보면 동일 포지션에 지원한 남녀 후보자 중에서 여자 후보자의 점수가 더 잘 나오는 경향이 있다. 이유가 어떻든 필자의 경험으로는 특히 신입사원 면접에서 여자 지원자들의 평가 점수가 항상 높았다. 남자들은 털털하게 자기 자신을 있는 대로 솔직하게 보여주는 것을 면접이라 생각하고, 여자 지원자들은 잘 포장하고 가꿔서 보여줘야 한다고 생각한다는 차이가 이런 결과를 가져왔을 수도 있고, 면접관들이 대부분 남자라는 사실도 무관하지 않은 듯하다. 심지어 모든 면접관들의 평가가 유사하게 나왔기 때문에 남자 지원자와 여자 지원자 간의 가중치를 정하자는 말까지 나왔다.

진심 어린 태도를 갖고 있는 지원자보다는 말 잘하

은퇴는 없다

는 지원자가, 잘생기고 좀 더 예쁜 지원자가 더 좋은 점수를 받는 경우가 많다. 이렇듯 인터뷰는 처음부터 그다지 공정하지 못하다.

인터뷰의 목적은 무엇인가? 면접자는 자신의 역량과 성과를 셀링(selling)하는 것이고 면접관은 가장 적절한 지원자를 바잉(buying)하는 것이다. 역량은 각 개인이 갖고 있는 기본적 소양과 능력으로서 인성, 적성, 리더십, 사무처리 능력, 협동심, 외국어 능력 등등 매우 다양하다. 이것을 바탕으로 회사가 요구하는 목표와 목적을 달성하는 것이 성과다.

일반적으로 회사의 인사고과에서 하위직인 경우는 역량에 대한 비중이 높고, 고위직일수록 성과에 대한 배점이 높다. 이미 임원이 된 사람에게 기본적 소양을 해마다 평가하는 것은 합리적이지 못하다. 당연히 성과 중심의 평가가 이루어져야 한다. 인터뷰에서도 인사고과와 마찬가지로 면접자에 대한 역량과 성과를 평가한다. 그런데 무엇이 공정하지 못하다는 것인가? 미국의 유수한 대학이나 대학원에서는 취업지원센터(placement center, career center)를 체계적이고 규모 있게 운영한다. 그들은 학교를 졸업하고 취업을 준비하는 학생들에게 다음과 같은 교육을 시킨다. 역량(competency)과 성과(performance)를 보여주기 이전에 이른바 태도(attitude)가 보다 더 중요하다고 말이다. 매우 올바른 지적이다. 인터뷰는 사람과 사람이 얼굴을 맞대고 교감하는 자리인 만큼 정성적이고도 감성적인 부분이 개입될 수밖에 없다. 문자 그대로 'Inter-view'니까!

핑클의 이효리가 그룹을 나와 독립하면서 처음으로 취입한 노래가 '10min-utes'였다. 남자에게 접근해서 내 사람으로 만드는 데 걸리는 시간은 10분이면 된다는, 뭐 그런 노래였다. 삼성그룹의 제일모직에서 SPA 콘셉트로 내놓은 브랜드는 '8seconds'였다. 그네들의 말에 따르자면 '8초'는 사람과 사람 사이에 처음 만나서 친밀감을 형성하는 데 소요되는 시간이란다.

위에서 언급했던 미국의 대학교에서는 통계적 조사결과를 졸업생들에게 주입시킨다. 잘나가는 유명 회사 200군데의 채용담당 매니저 200명에게 설문조사를 했는데, 응답자의 33%가 면접자를 만나고 90초 이내에 합격과 불합격을 마음속으로 정한다고 했다. 다시 말해 지원자의 능력을 확인하기도 전에 다른 무엇인가에 의해 합격과 불합격이 이미 정해질 수 있다는 얘기다.

이 설문조사 보고서에서 지적하는 사항을 보도록 하자. 취업 인터뷰에서 지원자들이 쉽게 범하는 비언어적인 실수는 다음과 같다.

지원자 중 67%는 면접관과 눈길을 마주치지 않았다. 38%는 처음부터 끝까지 한 번도 미소를 짓지 않았다.

다른 항목을 보기로 하자. 첫인상을 좌우하는 항목은 무엇일까? 지식? 학교 성적? 성과? 아니다. 90초 안에 알아낼 수 있는 항목이다. 면접관의 55%는 지원자가 입고 있는 의상과 문을 열고 들어오는 걸음걸이가 첫인상을 좌우한다고 했다. 38%의 면접관은 좋은 목소리, 첫 몇 마디에서의 단어 선택과 문법, 그리고 자신에 찬 표정이라고 했다.

은퇴는 없다

이처럼 '뛰어난 역량'보다는 '면접태도'에 의해 합격, 불합격이 정해질 수도 있다는 것은 진짜 역량 있는 후보자를 알아보기가 매우 어렵고, 결국 인터뷰는 매우 불평등하다는 것을 의미한다. 평균적으로 똑똑하고, 지원자 중 중간 정도로 조리 있게 말 잘하고, 어느 정도 필요 경력도 갖춘 후보자인데 장동건, 김태희만큼 외모가 된다면 그를 불합격시킬 면접관이 과연 얼마나 되겠는가?

이러한 과정이 공정하지 못하다는 의견에 반대의견도 있다. 사전 서류심사에서 역량에 대한 이해가 있었으니 만나서는 태도(attitude)에 집중하여 보는 것이 더 나은 방식이라는 것이다.

인터뷰의 소요시간은 보통 주니어 직급일수록 짧고 시니어 직급일수록 길다. 대학 졸업 후 첫 번째 직장을 3년 만에 나와서 이직을 한 경우라면, 인터뷰 시간이 30분을 넘지 않을 것이다. 그런 인터뷰를 하고 나서 불합격이라는 통보를 받게 된다면 학교 성적이나 영어 실력, 전 직장에서의 성과 등이 잘못된 것이 있는가 살펴보지 말고 인터뷰를 하면서 내가 과연 한 번이라도 웃음 띤 얼굴을 보여줬는지를 복기해보기 바란다.

섹시하면
안 된다

앞에서 언급한 것처럼 인터뷰에서는 때때로 본인의 역량보다 인터뷰 현장에서의 종합적 태도와 언행이 더 중요할 수 있다. 이런 종합적 태도가 시각적 효과로 극대화되는 것이 인터뷰 복장이다. 인터넷을 검색해보면 수백 수천 건의 인터뷰 의상에 대한 글이 올라와 있다. 대부분 단정하게 잘 차려 입으라는 내용이다.

인터뷰 때 어떤 옷을 입을지 결정하는 방식을 이야기해보자.

우선 그 회사 사람들이 어떻게 입는지를 파악하라. 이른바 복장 규정(dress code)을 파악하라는 말이다. 흔히 미국 회사는 복장이 자유롭다고 생각한다. 아니다. 직종과 회사에 따라 각양각색이다. 월

은퇴는 없다

스트리트에 있는 금융회사에서는 한여름에도 긴 소매 흰색 드레스 셔츠(우리말로는 와이셔츠)를 입는다. 동부 지역의 웬만한 회사의 사무직군은 청바지를 입지 않는다. 그런데 캘리포니아에 있는 벤처기업에 가보면 양복 상의(재킷 또는 블레이저)를 입고 있는 사람들이 없다.

그 다음으로는 직종에 맞는 면접 복장을 입도록 하라. 벤처기업에 면접을 보러 가면서 짙은 색상의 양복 정장을 입고 가면 좀 우스워진다. 우리나라에서는 어느 직종 또는 회사든 면접자들은 짙은 색 양복 정장을 착용하고

적절한 인터뷰 복장

올 것으로 기대한다.

하지만 한국에서도 R&D 분야 또는 개발자 보직인 경우는 검정색 양복을 입고 오는 면접자를 이상하게 볼 것이다. 그런 직종에서는 보통 자유 복장 이기 때문이다.

보통 사무직이라면 우리가 생각하는 그런 깔끔한 정장이면 된다. 드라 마 '미생'에서 주인공 역을 맡은 임시완과 강소라가 입었던 복장을 예로 들 수 있겠다. 특히 강소라가 입었던 바지정장은, 여자인 경우라도 정장 바지 가 잘 어울린다는 것을 보여준다. 실제로 요즈음 바지정장을 입는 여직원

부적절한 인터뷰 복장

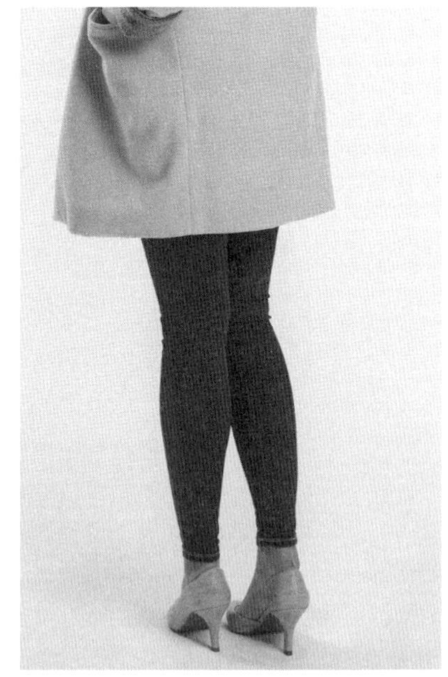

은퇴는 없다

여성을 위한 성공적인 인터뷰 팁 5가지

들이 증가하고 있는 추세다.

남자 면접자의 경우는 비교적 선택이 폭이 넓지 않으나, 여자의 경우는 복장이 다양하기 때문에 주의를 요한다. 가끔 '예쁘게' 보이는 것에 집중하는 경우가 있는데, 자칫하면 여성스러운 아름다움을 놓치고 단지 섹시하게 보일 뿐이다.

특히 여름에 면접을 하게 될 경우 노출이 심하거나 과도하게 비치는 옷을 입고 오는 경우가 있는데, 요즈음 유행에 맞추어 옷을 구매하기 때문이라 생각한다. 유행하는 옷을 꼭 입어야 한다고 생각하지 말기 바란다. 앞서의 사진들을 보면 잘 알 수 있을 것이다.

파트
3

전직을 위한 가이드

퇴직 후의 9가지 행로

다음은 기업시장 전직 컨설팅 1위 업체인 '인제이매니지먼트'가 다양한 경험을 바탕으로 정리한 '퇴직(은퇴) 이후 9가지 삶의 모습'이다.

(1)소자본 창업 (2)1인 창조 기업 (3)기업 운영 (4)경력을 살린 재취업 (5)새로운 분야로의 취업 (6)귀농(귀촌) (7)사회 기여 활동 (8)완전한 은퇴 (9)복합적인 활동

소자본 창업은 사업에 대한 기술과 경험이 있는 사람이 본인의 소자본을 바탕으로 시작하게 되는데, 직접 창업과 프랜차이즈 시스템에 사업 바탕을 의지하는 가맹점 창업이

있다. 가장 많은 업종은 음식점과 소매업이다. 비교적 손쉽게 시작할 수 있으나 성공한 사람보다는 실패하는 사람이 더 많은 것이 현실이다.

1인 창조 기업은 전문성과 창의성을 갖춘 개인 1명이 상시 근로자 없이 지식서비스업이나 제조업 등을 영위하는 사업이다. 혼자서 기획, 마케팅, 재정관리 등을 다 해야 한다. 먼저 일하던 조직에서의 경험을 살려 할 수 있는 제조업 업무대행, 아웃소싱 등이 일반적이다. 전문강의, 경영진단, 사업 컨설팅 등도 할 수 있다. 이 역시 사업에 대한 리스크가 만만치 않다.

기업 운영은 법인을 설립하고 조직과 인력을 구성하여 사업을 영위하는 것으로 창업의 형태 중 가장 큰 결단을 필요로 한다. 요즘은 최소 자본금이 1,000만 원으로 전보다 설립의 절차가 간소화되어 있고, 법인 자격 요건 충족도 비교적 어렵지 않아 기업을 만들어서 운영하는 사례가 늘고 있다. 주의해야 할 사항은 책임감을 갖고 조직원들의 기여에 부응하는 대표가 되어야 한다는 것이다.

경력을 살린 재취업은 퇴직을 한 40대, 50대들이 가장 많이 택하는 방안이다. 재취업의 비결은 기존에 본인이 지니고 있는 인적 네크워크와 본인을 효과적으로 알릴 수 있는 잘 정비된 이력서 혹은 자기소개서다.

새로운 분야로의 취업은 보통 두 가지 목적이 있다. 하나는 그 일이 너무 좋아서 나중에 '내 사업'으로 영위하기 위해서이고, 다른 하나는 나이나 연봉 등의 이유로 기존의 분야에서는 구직의 기회가 어려워져서 손쉬운 취업을 하기 위해서다. 진정 내가 해보고 싶은 일인지 본인에게 몇 번이고 자문하여 확신을 얻어야 하고, 손쉬운 취업이 목적이라면 일에 대한 편견을 버려야 한다. 현재의 추세로는 사무관리직에서 일하던 사람이 같은 분야로 수평 이동하는 것은 쉽지 않다.

귀농(귀촌)은 시골로 가는 이민 수준으로 생각해야 한다. 결심도 뚜렷해야 하고, 정착에 최소 2년의 시간이 필요하다. 계절적 요인이 강한 만큼 원 사이클(one cycle)만 보아서는 낭패하기 십상이다. 특용작물 재배와 지역사회로의 융화 등이 꼭 생각해야 할 요소다. 무엇보다 가족의 동의와 지원이 절대적으로 필요하다.

사회 기여 활동은 인생의 의미가 상당 부분 타인을 위한 삶에 가치를 두고 있다는 전제가 필요하다. 그리고 경제적 혜택보다 자신이 속한 사회에 기여할 수 있는 활동에 의미를 둘 수 있어야 한다. 자원봉사, 종교적 신념에 의한 활동, 지역사회 운동, 자연보호, 환경보호 등을 그 범주로 볼 수 있고, 최근 들어서 그 범위가 지속적으로 넓어지고 있다.

완전한 은퇴는 문자 그대로 퇴직 후 더 이상 아무런 일도 찾지 않고 여생을 쉬면서 보내는 것을 말한다. 그렇지만 팔자 좋은 사람이라고 부러워하지 않아도 된다. 조기에 완전 은퇴를 선택한 사람들의 상당수가 가족간 불화, 우울증, 삶에 대한 의욕 상실 등의 갖가지 부작용을 겪고 다시 일터로 나오는 경우도 있다. 체력적 한계로 일할 수 없는 시점에 도달하기 전까지는 완전한 은퇴는 하지 않는 것이 바람직하다.

복합적인 활동은 위의 7가지 삶의 모습이 다양한 구조로 엮어져서 동시에 영위되는 것이다. 주위에 2~3개의 명함을 지닌 사람을 본 적이 있을 것이다. 어느 회사 고문이자 겸임교수이고, 기업의 강사로 나가는 등 활동 반경이 넓은 사람이 이런 분류에 해당되는 사람이다.

여러분은 어쩌면 인생 후반부에 지금까지 조직에서 일했던 시간보다 더 많은 시간을 일해야 할지 모른다. 그리고 인생 전반전에서 답답한 직장생활을 했다면 후반전을 위해서는 획기적으로 다른 방식의 삶을 추구하면 된다. 타인의 눈치를 보느라 그 의미 있는 시간들을 낭비하지 않기를 바란다.

정년퇴직 10계명

미국의 유명 자유기고가인 톰 사이팅스(Tom Sightings)가 지난 2016년 4월 《US News & World Report》의 한 칼럼에서 소개한 '은퇴에 필요한 10가지 사항'(The Ten Commandments of Retirement - These guidelines will help you find a meaningful retirement)이다.

이 글에서 은퇴를 (정년)퇴직으로 바꾸면 그 자체로 퇴직에 대한 훌륭한 조언이 될 수 있기에 소개한다. 내용을 보면 알겠지만 미국이라고 해서 뭐 크게 다른 내용을 언급하고 있지는 않다. 역시 사람 사는 곳에서 벌어지는 일은 모두 비슷한 것이 아닌가 한다.

(내용 중 한국의 실정과 너무 동떨어진 표현은 일부 수정, 보완했다.)

은퇴는 없다

1. **저축하라(Save for retirement)** 연금(pension)으로 죽을 때까지 모든 것이 해결된다고 생각하지 마라. 퇴직 후의 안락함을 원한다면, 좀 이르다고 생각할 수 있는 경력의 초년부터 저축을 시작하라. 회사가 운영하는 프로그램을 활용하든 개인적으로 마련하든 지속적으로 저축하면서, 좋은 집이나 좋은 자동차를 사고 싶은 유혹을 물리쳐야 한다.

2. **투자하라(Invest your money)** 재정전문가들은 은퇴할 때까지 적어도 연봉의 10배를 모아야 한다고 조언한다. 이것은 저축만으로는 거의 불가능한 일이다. 은퇴용 자금을 구성할 때는 (주식형) 펀드와 같은 것에 투자를 해야 하고, 이는 장기적으로 볼 때 상당히 이치에 맞는 방식이 될 것이다.

3. **일찍 은퇴하지 말라(Do not retire too early)** 당신이 사회보장 연금 등을 일찍 받게 된다면, 남은 기간 동안 더 적은 월급을 받게 되는 셈이다. (어떻게 생각하든) 연금은 월급만 못하다. 충분히 모아놓지 못한다면, 퇴직이라는 여정에서 예상치 못했던 난파를 당할 수도 있다. (사정이 허락하는 한 월급을 받는 기간은 길수록 좋다.)

4. **지출을 줄여라(Downsize)** (이때쯤 되면) 더 이상 큰 집은 필요하지 않다. 자녀들을 실어 날라야 할 차량이 두 대, 세 대 필요하지도 않다. 집을 줄이고, 씀씀이를 줄여라. 그렇지 않다면 위의 1, 2, 3번 항목을 지킬 수 없게 될 것이다.

5. **잘 먹어라(Eat right)** 이제 당신 자신을 돌볼 수 있는 더 많은 시

간을 갖게 되었다. 몸을 위한 건강식을 더 많이 챙기도록 하라. 일하느라, 가족을 돌보느라 너무 바빠서 그동안 소홀히 했던 몸을 돌보도록 하라. (나이 들면 잘 먹는 것이 남는 거다.)

6. **적절히 운동하라**(Get some exercise) 적절한 운동은 수명을 연장시킨다. 그렇게 되어야 평생 일하면서 지불했던 그 모든 연금을 전부 가져갈 수 있는 충분한 시간을 갖게 된다. 또한 운동은 소화를 돕고, 아픈 관절을 부드럽게 하고, 힘이 나게 함으로써 기분을 좋게 만든다.

7. **가족(친구)들과 더 친밀해져라**(Hold your family close) 당신의 아이들은 집 바깥에서 맴돌겠지만, 그렇다고 아이들이 당신의 인생 밖에 있다는 얘기는 아니다. 외로움은 은퇴 후의 커다란 위험요소다. 가족, 옛 친구들과 더 가까워지도록 노력하라. 가족은 당신의 가장 오랜 친구이고, 당신의 손주는 미래와의 연결고리이다.

8. **새 친구를 사귀도록 하라**(Make new friends) 결국 옛 친구는 죽거나 사라져간다. 당신이 먼저 갈 수도 있겠지만. 새로운 친구를 만들도록 노력하라. 강력한 사회적 유대관계는 정신 건강과 신체적 건강에 크게 도움이 된다.

9. **하고자 하는 일을 찾아라**(Do something you like to do) 외로움에 이어 무료함은 은퇴자에 대한 또 다른 위협이다. 평생 해온 취미생활에 더 집중하거나 새로운 것을 찾아라. 사람들과 모임 속에서 어울리다 보면 더 활동적으로 될 수 있다. 시간제 일자리를 찾고, 도

움이 필요한 사람들을 위한 자원봉사활동도 좋은 방법이다. 무엇인가 한다는 것은 당신을 아침 일찍 일어나게 하는 원동력이자 밝은 새 날을 기약한다.

10. 이웃사람을 부러워하지 마라-이웃의 재물을 탐하지 마라 (Do not covet the neighbor's goods) 온갖 잡지와 TV, 인스타그램, 페이스북 등에서 우리는 이상적인 은퇴생활을 하고 있는 사람들을 본다. 하지만 잘 기억하라. 그 기사는 주의 깊게 선택된 것이고, 사진은 멋지게 교정하였을 것이며, 그 사람들의 가장 좋았던 시절을 묘사하고 있는 것이다. 그냥 보통 인생과 마찬가지로 은퇴는 도전과 실망을 갖고 있고 아울러 기회와 기억할 만한 순간도 갖고 있다. 다른 사람들만 더 나은 생활을 즐기고 있는 것은 아니다.

내용을 읽다 보면 좀 슬퍼질 수 있을 것이다. 하지만, 그것이 인생이다. 한 주말연속극의 제목이 떠오른다.

"그래, 그런 거야."

은퇴 후에
선택할 수 있는
미래의 직업

　　　　　제2의 인생을 슬기롭게 보내려면 본인이 원하면서 비전도 있는 일을 미리 살펴두어야 한다. 이를 위해 향후 어떤 직업군이 유망한지 함께 살펴보기로 하자. 재취업이든, 1인기업 창업이든, 회사를 차리든 이러한 정보를 유심히 살펴보아야 아이디어도 얻고 실패 확률도 줄일 수 있다.

2016년 초, 한국고용정보원에서 《인생 2막, 새로운 도전》이라는 가이드북을 발간했는데 그 내용 중에 '베이비부머 세대에게 적합한 도전 직종 30종'이라는 대목이 있다. 직업 연구에 대한 가장 최근의 정보라 생각되어 여기서 간략히 소개하고자 한다.

이직, 전직 일선에서 일하는 실무자 입장에서 보자

은퇴는 없다

유형	해당 직업 내용
틈새도전형 (전문성과 경력을 살려 틈새시장에서 재취업이나 창업을 하는 직종)	협동조합 운영자, 오픈마켓 판매자, 기술경영 컨설턴트, 투자심사역, 창업보육 매니저, 귀농귀촌 플래너, 스마트팜(smart farm)플래너, 흙집 건축가, 도시민박 운영자, 공정무역 기업가, 1인출판 기획자, 유품정리인
사회공헌, 취미형 (사회에 공헌하거나 취미를 살릴 수 있는 직종)	청소년 유해환경 감시인, 청년창업 지원가, 인성교육 강사, 마을재생 활동가, 도시농업 활동가, 목공기술자, 손글씨 작가, 숲 해설가, 문화재 해설가, 웃음치료사
미래준비형 (교육과 훈련을 통해 미래 준비가 가능한 직종)	생활코치(라이프코치), 노년 플래너, 전직 지원 전문가, 이혼상담사, 산림치유 지도사, 기업재난관리자, 3D프린팅 운영 전문가

면 일견 참신한 직종이 있기도 하고, 내용상 좀 아닌데 하는 유형도 보인다. 일반적으로 설명, 지도, 강의가 주된 활동내용이라면 그것만으로는 하나의 의미 있는 당당한 직업으로 이끌고 나가기에 좀 벅차 보인다. 이를테면 웃음치료사는 다른 강의를 보강하는 콘텐츠로서 그 효용이 더 클 것 같고, 유품정리인은 최근에 몇 번 들어본 적이 있지만 아무래도 구미 선진국형 직업으로 보인다.

현재 있는 직종의 장단점을 잘 살펴서 그것을 채택해도 되지만 좀 더 고민해보면 나만의 영역을 창출해낼 수 있다고 생각한다. 생각의 틀은 다음과 같이 시작하면 좋을 듯싶다. 우선 새로운 패러다임을 제시하는 사업군을 파악하고, 그것에 연계된 파생 직종을 살핀다.

홈쇼핑이 뜨는 사업이 될 것이라는 예상은 몇 년 전부터 많은 사람들의 미래예측에 항상 등장하는 메뉴였다.

주식투자의 관점으로 보면, 보통의 투자자는 A쇼핑, B쇼핑 중에서 더 많은 이익을 보장할 수 있는 회사의 주식을 사려고 할 것이다. 그러나 진짜 대박을 친 투자자는 홈쇼핑에 직접 투자하지 않고 그 대신 택배회사 주식을 싸게 사 모은 사람이다. 초기 홈쇼핑 시장에서 어차피 물건 배달은 택배회사를 이용해야만 했기 때문이다. 같은 현상을 보면서 다른 방식의 접근을 한 것이다.

다른 예를 하나 들어보겠다. 우리나라에서는 신생아 출산이 점점 줄고 있다. 2000년에는 모두 63만 명의 아기가 출생했으나 2013년에는 43만 명 수준이었다. 2013년 출생률은 1,000명당 8.6명이고, 합계출산율(여성 1명이 평생 낳을 수 있는 평균 아기의 수)은 1.18명이다. 간단히 말해서 부부당 아기가 1명 정도인 셈이다. 아기가 줄고, 어린이 숫자가 줄어드니 우유가 안 팔리고 유아용품업계가 허덕이기 시작했다. 유아용품 전문회사 '아가방'이 중국 기업에 팔리고, 산부인과 병원이 줄줄이 문을 닫고, 조만간 대학교는 정원을 채우기 힘들어질 것으로 보인다.
'그래, 이제는 인구 고령화 시대니까 '실버사업'에 주목해야지!'
그래서 상조사업, 노인복지사업에 눈을 돌린다면 아까의 홈쇼핑 주식 매수 시각과 크게 다를 것이 없다.

아이를 위해 고액과외를 마다하지 않던 한국의 나이 든 어르신들이 요즈음 돈주머니를 푸는 대상은 반려동물(companion animal)이다. 주말에 동

은퇴는 없다

네를 한 바퀴 돌아보라. 유모차가 많은가, 아니면 주인에게 끌려 나온 강아지가 더 많은가?

애완동물이란 개념을 넘어선 반려동물 시장은 2조 원을 상회하는 것으로 파악되는데, 농림축산검역본부에서 운영하는 동물보호관리시스템(www.animal.go.kr)에 등록된 동물만 무려 100만 마리 정도다(97만 9,000마리. 2015년 말 기준). 한여름 밤에 창문 열어놓고 잠을 청하려고 하면 아기 울음 소리는 듣지 못해도 어디선가 개 짖는 소리는 들었던 적이 누구든 있으리라.

'주민등록증'을 소지한 개, 고양이가 이미 100만을 넘어선 가운데 케이블 방송에서도 '반려동물 전용 채널'이 등장했고(오해하지 마시라. 반려동물 주인이 보는 방송이 아니고, 개와 고양이 등의 반려동물이 시청할 수 있도록 동물의 눈높이에 맞춘 방송이다) 동물병원 수의사를 비롯하여 반려동물관리사, 반려동물장례지도사, 반려동물행동교정사 자격증까지 등장해 있다. 그리고 이번에는 수의사법을 개정하여 동물간호사 제도가 도입될 전망이다.

필자가 주장하는 것은 반려동물에 관련된 그 무엇을 하라는 말이 아니라 이처럼 좀 다른, 삐딱한 시선이 있어야 퇴직 후 험악한 고용시장에서 길게 갈 수 있는, 경쟁력 있는 업종을 선별할 수 있다는 말이다.

첫 번째로 업종과 업종 간에 크로스오버(crossover)가 될 수 있는 직종을 살펴본다. 록과 재즈가 결합된 크로스오버 음악이 세상이 나온 이후 예술 세계에서는 다양한 장르 간의 결합이 선을 보였다. 팝송과 오페라의 하이브리드 직종인 팝페라 가수가 대통령 취임식 축가를 부르고, 그렇고 그런 바이올리니스트일 뻔했던 싱가포르 출신 바네사 메이가 1997년 '올해의 최고 앨범 판매상'을 받을 수 있었던 까닭은 그녀가 흰색 일렉트릭 바이올린을 들고 클래식 음악에다 대중음악 방식을 버무린 음악을 연주하였기에 가능한 일이었다.

대표적인 크로스오버 직종이 '6차산업 컨설턴트'이다. 예를 들어 농업 6차산업 컨설턴트는 1차산업인 농산물 재배와 2차산업인 농산물 가공 및 판매 그리고 3차산업인 체험 서비스를 총체적으로 묶어 시너지를 내면서 새로운 부가가치를 만들어내는 직업이다. 이를테면 포도를 재배하고, 그 포도로 와인을 만들어 현지 판매 및 유통시장에 내놓고, 와이너리 옆에 와인을 테마로 한 농촌호텔과 레스토랑을 운영하는 사업을 할 수 있도록 전반적으로 컨설팅해주는 방식인데, 상당히 고차원적인 직업이라 하겠다.

또 다른 예를 들어보자. 컴퓨터 공학이 매우 뜨는 분야임은 누구나 다 안다. 그리고 단순한 심리학보다는 비즈니스 쪽으로 나아간 것이 산업심리학 내지는 인간공학이다. 이러한 분야 역시 매우 '핫한' 분야임을 우리는 안다. 그런데 이보다 더 인기가 있는 분야는 이 두 가지를 결합한 CHI(Computer Human Interface - 카이라고 발음한다)이다. 이를테면 휴대폰의 문자 배열은 어떤 것이 더 인간친화적인지, 그립감을 완벽하게 하기 위해서는 어떤 식의 디자인이 되어야 하는지, 고객에게 더 깊은 평온함을 줄 수 있는 색의 배

은퇴는 없다

열은 무엇인지 등을 연구한다면 그것이 바로 CHI이다.

필자는 몇 년 전 1년에 한 번씩 열리는 CHI 콘퍼런스에 다녀온 적이 있다. 단일 학문에 대한 모임으로 그렇게 많은 참가자들을 본 것은 처음이었다. 적어도 1만 명 이상이 전 세계에서 모여들었다고 들었다. 지난 2016년 5월에는 미국 캘리포니아의 산호세에서 열렸다. 이 콘퍼런스의 위상을 한눈에 볼 수 있는 것은 운영을 위해 돈을 대는 스폰서들이다. 금년은 구글, 페이스북, HP, IBM, 마이크로소프트, 야후, 블룸버그 등이다. 해마다 한국에서도 카이스트 등의 대학원생이나 연구원들이 참여한다. 여러분이 인생의 진로를 바꿔 볼 수 있는 젊은 나이라면, CHI처럼 하이브리드한 직업군을 검토하라고 권하고 싶다.

아니면, 좀 더 세밀(micro)하게 접근하라.

보통 분식집은 거의 20~30가지 음식을 판다. 좀더 전문화되었다는 설렁탕 음식점도 도가니탕, 불고기, 수육 등을 함께 판다. 하지만 곰탕의 지존 '하동관'은 곰탕만 판다(물론 '특별'과 '보통'은 있다. 김치도 판다). 지금은 SM엔터테인먼트의 계열사가 된 여행사가 있는데, 초창기에는 '하와이 허니문'을 전문으로 했다. 필자의 동창이 운영하는 소규모 여행사는 '쿠바 여행' 전문이다. 정식 외교관계가 수립되지 않은 까닭에 소소하게 챙길 것이 많아서 큰 여행사가 관심을 갖지 않은 덕분에 아직까지 버티면서 운영하고 있다고 하였다.

흙집 건축가보다는 '온돌시공 전문가'에 대한 수요가 더 많다고 한다. 바텐

더보다는 소믈리에가 더 미래가 있어 보인다. 와인 소믈리에가 흔하다고 느끼면 사케 소믈리에나 맥주 소믈리에 시서론(cicerone)을 생각해보기 바란다. 축구해설가보다는 스페인 프리메라 리가 전문가가 우대받는다. 맛집 전문가는 이제 너무 많다. 매주 토요일 조선일보에 실리는 '허름해서 오히려'라는 칼럼은 한 '대중식당 애호가'가 기고하고 있다. 달리 말해 허름한 식당이지만 나름 업력이 오래되고 특유의 맛있는 음식을 내놓을 수 있는 대중적 음식점을 따로 취급하는 전문가가 생겼다는 말이다.

미국에 비해 역사가 짧지만 나름 세계 야구계를 주름잡고 있는 일본 야구가 미국 야구와 겨룰 수 있는 무기는 홈런이 아니다. 이른바 '스몰 야구'라고 하는 작고 정교한 방식이 그들의 장점이다. 작게 더 작게, 직업군을 세분화해서 살펴보라.

갑질의 습관을 버려라

갑질. 그리 순화된 용어는 아니나 요즘 회자되고 있는 말이다.

필자의 회사가 제공하는 전직 컨설팅은 분명 저렴한 서비스는 아니다. 따라서 여력이 되는 회사에서만 퇴직하는 임직원에게 제공하고 있다. 그러다 보니 '갑'의 위치에서 회사생활을 해온 사람들이 많다. 그리고 서비스를 받는 도중에도 가끔 이 기질을 드러내곤 한다. 면담 시간을 지키지 않거나, 시간에 임박해서 취소하거나, 심지어는 약속장소에 나타나지 않는 경우도 있다.

컨설턴트에게 이력서 초안을 잡아달라고 하는 사람도 있다. 사실은 대신 좀 써달라는 부탁인 셈이다. 그런데 이런 분일수록 헤드헌터에게 이력서를 보냈는데 왜 당장 인터뷰 기회가 없느냐고 철없는 아우성을 치기도 한다. 제대로 교육을 받았고, 업무역량도 뛰어나고, 합리적인 사리판단을 능히 할 수 있는 사람들인데도 불구하고 이러한 행동거지를 보이는 것은 절대적으로 회사에서 '버릇없이'(spoiled) 대외업무를 다루었기 때문인 것으로 판단된다. 즉 '갑'이었기에 가능했던 것이다.

이제는 태도를 바꿔야 할 때다. 이런 고객에게 컨설턴트는 충분한 시간을 갖고 은근히 메시지를 전달한다. 태도의 변화는 절대적으로 시간이 걸리고, 또 시간이 분명히 해결하여 주기 때문이다.

그냥 우스갯소리지만, 한때 이런 농담이 있었다. 재벌이나 대기업 출신 임직원은 자기 아이에게 옷을 사줄 때 'GAP' 브랜드 옷만 사준다. 왜냐고? 나중에 커서 (아빠처럼) '갑'이 되라고.

헤드헌터를 가까이, 더 가까이

혹시 헤드헌터라고 하는 사람에게서 전화를 받은 경험이 있는가? 한 번도 없다면 당신은 지금 일하고 있는 업종에서 스페셜리스트(specialist)가 아니거나 네트워킹을 잘 못하고 있는 사람일 것이다.

'잡코리아'의 포털을 이용하고 있는 헤드헌터 회사는 모두 1,506개이고, 등록된 헤드헌터만 모두 8,425명에 이른다(2016년 6월 7일 현재). 헤드헌터는 구인회사의 의뢰를 받아 적합한 후보자를 적기에, 적소에 추천함으로써 구인회사가 사업을 영위하는 데 도움을 주는 전문직 프리랜서다. 이들은 "인재 한 명이 10만 명을 먹여 살린다"는 믿음을 갖고 있다. 그만큼 힘들지만 또한 보람도 있는 직업이다.

몇 년 전만 해도 외국계 회사나 특별한 수요가 있는 회사에서만 헤드헌터 서비스를 이용했으나, 요즘은 웬만한 회사(5대 대규모 기업집단도 포함)는 모두 활용하고 있다. 보통 다수의 헤드헌터 회사와 공동으로 업무협약을 맺어서 일을 진행하는데, 소수의 친분 있는 헤드헌터하고만 거래하는 경우도 있다.

만일 헤드헌터에게서 전화가 왔는데 '바빠서 정신 없는데 아이 귀찮아' 하고 생각하고 "다음에 연락 주세요" 하면서 카드사 마케팅 권유 전화받듯이 했다면 당신은 일생일대의 실수를 했을 수도 있다. 이야기를 들어보고 "별로 내키지 않네요"라고 답을 할지라도 일단 전화가 왔다면 추후의 일을 생각해서 커뮤니케이션 채널(communication channel)을 확보해놓을 필요가 있다. 그(녀)가 당신의 구세주일 수도 있기 때문이다.

헤드헌터가 자신이 갖고 있는 JD(job description)와 전혀 관계없는 사람에게 전화를 할 확률은 거의 없다. 무엇인가 진행되고 있는 건이 있으니 접촉한 것이다. 당신이 직접 이력서를 어디엔가 올린 적이 없다면, 당신과 술 한 잔 마신 동창에게서 추천을 받았을 수도 있고, 아니면 거래처 사장이 천거했을 수도 있다.

오래전 실화이다. 영국계 H은행이 한국에서 기업금융(corporate banking)에 추가하여 개인영업(personal banking)을 강화하기로 결정하고 부서장을 은행 외부의 소비자 마케팅 전문가 중에서 영입하기로 했다. 이 결정

은퇴는 없다

은 아시아 지역본부인 홍콩에서 이루어졌고, 기밀을 유지하기 위해 그 은행의 한국 내 HR에는 알리지 않은 채 'H'라는 조그만 서치펌에 구인 요청을 했다.

마침 필자의 동료가 이 조그만 서치펌으로부터 전화를 받았는데, 그는 "넌 누구냐?" 하지 않고 적극적으로 응대했다. 그리고 몇 달 뒤 잘 다니던 외국계 소비재 회사를 떠나서 거의 두 배의 연봉을 받고 H은행 개인영업 부서장으로 자리를 옮겼다.

헤드헌터를 흔한 중매쟁이로 생각하면 안 된다. 최근 퇴직자들이 늘어남에 따라 헤드헌터 경험이 없는 나이 많은 헤드헌터들이 늘고 있다. 따라서 전문성과 성실성이 부족한 자질 미달의 헤드헌터도 많이 늘어난 것이 사실이다. 하지만 신념을 갖고 전문가로서 업무를 진행하는 헤드헌터들이 더 많다. 구인회사로 당신의 이력서를 보낼지 말지에 대한 결정은 전적으로 헤드헌터의 몫이다. 그러니 어떻게든 헤드헌터에게 잘 보이는 것이 중요하다. 그러면 어떻게 헤드헌터하고 연을 맺을 수 있을까? 엉터리 같은 헤드헌터를 피하려면 어떻게 하면 될까? 전화가 오기를 마냥 기다릴 수는 없으니 적극적으로 나서보자. 가장 좋은 방법은 헤드헌터를 경유하여 직장을 옮긴 지인이 있을 경우 그의 소개를 받는 것이다. 프로세스에 대해 궁금한 점을 사전에 해결하고, 신속하게 과정을 진행할 수 있다.

규모가 큰 서치펌이 꼭 좋은 게 아니다. 재취업 과정은 회사 명성보다는 헤드헌터 개인의 역량에 의해서 좌우된다. 규모가 작더라도 (업계에서는 부티크-boutique라고 부른다) 실력 있는 헤드헌터를 만나는 것이 더 중요하다. 그렇게 되면 명성 있는 서치펌의 책상 위에 쌓여 있는 이력서 더미에서, 경쟁력이 막강한 다른 이력서와의 경쟁을 넘어야 하는 어려움을 고민할 필요가 적다. 불치병이 아니라면 대학병원에 가서 줄 서서 시간 낭비하기보다는 동네에 있는 전문병원 가서 더 관심 있는 치료를 받는 것이 내 병을 고칠 가능성이 더 높다.

그리고 내가 가고자 하는 업종과 직군에 경험이 있는가를 살핀다. 대학교 졸업하고 바로 헤드헌터가 되는 사람은 거의 없다. 어디에선가 직장생활을 하다가 이 업계로 이동한 사람이 대부분이다. 내가 재취업하고자 하는 산업군이 IT업계라면 굳이 금융회사 출신의 헤드헌터와 앞날을 논의할 필요는 없다. 구조조정을 앞두고 있거나 바로 재취업이 필요한 긴급한 경우라면 헤드헌터에게 이력서를 송부하는 것이 좋을 수 있다. 하지만 이력서를 보내는 것은 매우 조심스럽게 추진하여야 한다. 어떤 포지션이 오픈되어 여러 헤드헌터가 동시에 그 오픈 포지션을 알고 있다면, 당신은 헤드헌터의 전문성과 관계 없이 당신이 이력서를 보내놓은 헤드헌터와 같이 진행해야 하는 것이 업계 불문율이기 때문이다.

좀 소극적인 방식은 링크드인(Linked-In)에 이력서를 등재하는 것이다. 불과 수년 전만 해도 회사 잘 다니는 사람이 여기에 이력서(resume)를 올려놓으면 다니던 회사에서 떠날 의도가 있는 것으로 의심 받았으나, 요즈음

은퇴는 없다

은 그냥 '만약을 위해서' 정도의 의미로 이해되고 있다.

세상일이란 알 수가 없다. 그러나 10년, 20년 같이 커나가는, 마음이 통하는 헤드헌터가 몇 명 있다면 당신의 퇴직은 그리 겁나지 않을 수 있다. 미국 실리콘밸리에서 만난 교포에게 들은 이야기인데, 이민을 가서 정착하려면 세 종류의 '사'자 전문가의 도움이 절대적으로 필요하다는 것이다. 변호사, 의사, 목사. 곱씹어보면 정말 말이 되는 이야기이다. 그리고 요즘 하나가 더 추가되었다고 했다. 그것은 바로 이규제큐티브 서처(executive searcher, 헤드헌터의 정식 명칭)다!

전직을 위한
원 포인트
레슨

　　가명이지만, 고객의 이름은 대강 이런 형식이었다. Bob chul-soo Kim(이력서에 이렇게 표기되어 있었다). 뭔가 숨겨진 이야기가 있음직한 이름 아닌가?

이 고객의 이력서는 Lee Hecht Harrison(LHH) LA지부에서 내게로 전달되었다. 미국의 어떤 회사가 구조조정을 하는 바람에 Bob은 그 회사를 나와야 했는데, 퇴직 후 LHH LA에서 전직 지원 서비스를 받고 있었다. 프로그램 마지막 달에 공교롭게 아버지의 나라인 한국에서 인터뷰 기회를 얻게 되어 한국으로 오게 되었고, LA지부는 서비스 기간을 고려해볼 때 기간 내 마지막 인터뷰라고 생각되어 어카운트(account) 담당을 한국으로 넘기게 된

은퇴는 없다

것이었다.

내게 주어진 임무는 단 하나, 인터뷰를 앞둔 이 사람과 단 한 번 면담을 하는 것이었다. 그야말로 원 포인트 레슨(one point lesson)인 셈이었다.

정리해보자면, 한국인 아버지와 미국인 어머니 사이에서 태어난 미국 국적의 한인 2세인 Bob이 한국에 있는 A라는 독일계 제조회사의 주니어 CFO로 취업하려는 내용이었다. 그리고 한 시간의 면담시간을 활용해서 Bob chul-soo Kim이 인터뷰에서 성공하도록 만들어야 하는, 매우 까다로운 일이었다.

우선 신용평가회사에서 A회사의 기업신용분석보고서를 확보했다(이건 돈 들여서 구매를 했다). 독일 이름을 가진 사람이 대표로 되어 있고, 종업원이 250명인 어느 정도 규모가 있는 회사였다. Bob의 입장에서 생각해보았다. 무엇이 제일 궁금할까? 미국에서 알 수 없었던 정보는 무엇일까? 분석보고서를 꼼꼼히 읽고 인터넷을 검색하여 회사 관련 기사가 있는지 확인했다. 그리고 세 가지 포인트를 가이드하기로 했다.

면담일, 정해진 시간에 Bob chul-soo Kim이 나를 찾아왔다. 그냥 보아서는 완전 한국인이었다. 예상했던 대로 한국말은 그다지 능숙하지 않았으나 걱정할 수준은 아니었다. 내게 주어진 단 한 번, 단 한 시간의 기회를 그의 개성을 파악하는 데 쓸 수는 없었다. 인터뷰 전략에 집중해서 다음 내용 세 가지를 꼭 명심하라고 주지시켰다. (당시 영어로 뭐라고 했는지 지금은 기억이 나지 않는다.)

1. **한국사람을 잘 이해한다고 하라.** A회사에서는 3년 전에 가벼운 노사분규가 있었고, 그 이후 지금 사장이 새롭게 부임했다. 독일인 사장은 분명히 누군가 중간에서 한국인 종업원과 커뮤니케이션을 해주기를 원할 것이다. 그것을 당신이 하라. 당신이 입사하면 곧 그만둘 지금 CFO는 독일인이다.

2. **A회사를 잘 안다고 하라.** 당신이 그만둔 LA의 회사는 독일에 있는 A회사 본사에 납품을 하고 있었다. 당신이 여기 한국에까지 인터뷰를 하러 오게 된 배경은 1번, 2번 항목이 있었기 때문이다.

3. **한국에서 오랫동안 근무할 것이라고 말하고 반드시 그럴싸한 이유를 대라.**

몇 주가 지나고 Bob chul-soo Kim에게서 전화가 왔다. 합격했단다. 그리고 1번, 2번 항목은 하라는 대로 했는데, 반응이 너무 좋았다고 했다. 그동안 궁금했던 3번 항목을 어떻게 말했느냐고 물었다. 간단했다. 약혼자가 서울에 살고 있었다. 지금 다시 생각해보니, 나의 조언이 좋아서 합격했는지 약혼녀가 한국에 있어서 합격했는지는 잘 모르겠다.

면접 시 '꼭' 나오는 질문

다음 포털에 '취업 뽀개기'라는 취업 전문 동호인 카페가 있다. 회원이 무려 150만 명이다. 주로 신입사원들이나 주니어 사원들이 활용한다.

필자의 눈길을 끌었던 항목은 5대그룹 신입사원 면접 족보였다. 이미 면접을 봤던 지원자들이 면접 시 겪었던 주요 참고사항과 면접에 나왔던 질문을 올리고 있다. 좋은 참고자료가 되겠다는 생각을 해봤다. 그런데 참고하는 방식은 주의해야 한다. '초짜' 사원일수록 질문을 보고 답을 작성해서 자꾸 외우려고 한다. 그래서 자주 범하는 실수가 면접 시 질문에 관계없이 외웠던 내용을 말하려는 것이고, 심지어는 답을 하다가 "다시 하겠습니다" 하고는 외웠던 말에 집착하기도 한다.

당신은 신입사원이 아니고 이미 직장생활을 꽤나 해본 최소 중견직급 이상의 사람이다. 문장을 외우려고 하지 말고 팩트(fact)를 외우는 것이 좋다. 그리고 면접의 전체적 구성에 신경을 써야 더 좋은 결과를 얻을 수 있다.

면접 관련 서적과 묘책을 가르치는 많은 글들이 있다. '면접 질문 100가지'부터 '면접 예상질문 정리집'까지 있다. 다 유용한 내용들이다. 하지만 면접 내용을 좀 간단히 정리하여 머릿속에 넣어 두자. 모든 질문은 딱 세 종류이다.

    1. "넌 누구냐?" – 학력, 직장경력, 각종 경험, 자격증, 성품, 대인관계, 표현력, 전문지식(expertise), 리더십. 이 종류의 질문은 결국 지원자의 기본 베이스를 파악하는 게 목적이다. 당신이 누구냐고 질문을 받는다면, 내세울 수 있는 여러 항목 중에서 그 인터뷰의 성격에 맞는 것을 잘 선택해서 그 강점부터 내세워야 한다. 베이스 파악은 주로 HR 부서에서 집중하는 경향이 있다. 어차피 업무능력은 현업 관련 인터뷰에서 검증할 것이기 때문이다.

    2. "회사와 업계" – 지원 대상 회사에 대해 얼마만큼 공부하고 왔는지 파악하는 과정이다. 많은 지원자들이 종종 잊고 가는 내용은 해당 업계에 대한 것이다. 회사의 비전은 그 산업군에 대한 비전과 연계되어 있다. 보통, 경쟁사에 대해서 잘 파악하고 있는 사람은 기획도 잘하고 마케팅도 잘한다. 요즈음은 이 내용에다 글로벌 감각(global

exposure)까지 물어보는 경우가 많다.

3. "포지션" – 당신을 뽑으려고 하는 부서장은 당신이 '지구적인' 감각이 있는지 없는지 큰 관심이 없다. 그런 감각은 있으면 좋겠다는 정도다. 핵심은, 비어 있는 자리에 중도 입사하는 당신이 그 포지션에 맞게 역할을 잘해줄 것인가에 있다. 데려다놓고 고민하고 싶지 않고, 신입도 아닌데 이것저것 가르쳐서 일을 주고 싶지는 않을 것이다. 구인 공고를 잘 읽고 그 자리가 정확히 무슨 일을 하는 자리인지 파악하고 면접에 가야 한다. 선을 넘지 않는 범위에서 부서장이 듣고 싶은 '간사한' 스토리를 준비해보도록 하라. 부서장에게 '내 사람'이 될 것 같다는 인식을 줄 수 있다면 일단은 면접을 잘 치른 셈이다.

나만의 명함을 만들어라

최소심 과장은 최근 회사에 명예퇴직을 신청해서 지난주에 회사를 나오게 되었다. 예정된 일정이었기 때문에 퇴사 이전부터 재취업을 위한 구직활동을 열심히 했다. 그런데 어제 좀 어색한 경험을 하게 되었다. 대학 동창이 판교에 있는 어느 중견 IT회사의 기획실에서 일하고 있는데, 본인이 판교에 있는 많은 IT회사들을 잘 안다고 해서 혹시나 하는 마음에 동창에게 밥을 한 번 산 것이다. 동창은 자기보다 더 '마당발'이라고 하면서 어느 지인을 데리고 나왔다.

식사를 마치고 헤어지면서 동창의 지인은 명함을 한 장 달라고 했다. 최 과장은 "아시다시피 제가 최근 직장을 그만두어 명함이 없습니다"라고 말하고 조그만 메모지에 휴대폰 번호를 적어서 건넸다. 순

은퇴는 없다

간 지인의 표정이 살짝 안 좋은 것을 느낄 수 있었다. 집에 돌아와 곰곰이 생각해보니 영 모양새가 좋지 않았다는 후회가 들었다.

최 과장의 예처럼 우연히 공공장소에서 최근 퇴직한 사람을 만나게 되었는데, 전화번호 정도 참고하라고 전 직장 명함을 내밀거나 메모지에 휴대폰 번호를 적어서 준다면 참 모양새가 없어 보인다.

퇴직하자마자 나만의 명함을 만들어보자. 이름, 휴대폰 번호, 이메일 주소(전 직장 이메일 주소는 이제 그만!)만 있으면 된다. 회사명은 없어도 된다. 오히려 퇴직한 상황을 회사명 없는 명함이 웅변적으로 나타내준다. 부끄러울 필요는 없다. 만나는 사람들은 당신이 회사를 그만둔 것을 당연히 알고 있는데, 그 사실을 당신이 모를 뿐이다.

최소심 과장이 회사를 그만두었다는 소식은 예상보다 신속히 퍼진다. 재미있는 사실은 나중에 전직에 관한 중요한 정보를 알려주는 사람의 상당수는 간단한 이 명함을 받은 사람이 아니라, 명함을 받은 사람에게서 명함을 전달받거나 명함을 받은 사람에게서 최 과장의 상황을 듣게 된 제3의 인물이라는 것이다. 명함을 받게 되면 자연스레 사람을 기억하게 되고, 약간의 친분이라도 있는 사이라면 명함을 준 사람에게 도움을 줘야 한다는 무의식적인 의무감을 갖게 되기 때문에 보다 더 적극적으로 네트워킹을 해주게 된다.

미국 MBA 스쿨 졸업반 학생들은 'MBA Candidate'라는 타이틀로 학교 로고가 새겨진 명함을 만들어서 직장을 구하러 다닌다.

이력서 작성의 ABC

전직에 필요한 가장 기본이 되는 서류는 이력서다. 전직 지원 서비스 신청자들에게 이력서를 작성하여 내달라고 하면 보통 이런 말을 듣게 된다.

"아니 뭐 어려울 게 있나요? 내가 다녔던 회사에서의 과거 실적, 회사생활, 학력, 잘하는 일 그런 것 적어내는 것 아닌가요?"

과연 그럴까? 이력서 작성은 그리 간단하지가 않다. 생각해야 할 요소가 상당히 많다. 우선 무슨 소프트웨어(software)로 작성할 것인가를 정한다. 정부기관, 공사, 중소기업이라면 '아래아 한글'인 경우가 많다. 하지만 세계적인 대세는 'word'이다. 맑은 고딕체에 본문을 10폰트 정도로 작성하면 된다. 양식은 어떻게 하면 좋은가? 공채이거나 온라인 접수만 받는 경우는 회사가 제공하는 양식이 있다. 하지만 이 역시 글로벌 트렌드는 자유양식이다. 특히 경력직의 취업인 경우는 거의 모두가 자유양식이다.

하지만 아직도 문구점 이력서 양식에서 벗어나지 못한 사람도 있을 정도로 양식에 대해 정확한 방향을 모르는 사람이 있는 것이 현실이다(문구점 이력서에는 한때 키, 몸무게, 양쪽 눈의 시력까지 적는 난이 있었다). 현실은 말만 자유양식이고 실제는 모든 회사들이 원하는 기본 구성이 존재한다고 봐야 할 것이다.

요즘 국내 각 회사가 생각하는 이력서 구성의 주요 포인트를 파악하려면, 헤드헌터 회사(또는 서치펌)에서 원하는 이력서 작성 항목을 보면 된다. 구성은 지원 포지션 / 역량 요약 / 경력 / 업적 / 학력 / 기타 사항(자격증, 기고, 저술, 특허, 해외경력 등) 등이다. 용지 크기는 우리나라는 A4 크기로 작성하지만 미국 등지에서는 레터 용지(8.5x11인치) 크기로도 작성한다.

글자는 검은색이고, 화려한 색의 글자나 하이라이트는 피하는 것이 좋다. 옛날에는 '자필이력서'를 고집하던 때도 있었다. 글씨를 잘 쓰는 것도 하나의 재주였고, 글씨만 잘 써도 우수하다는 평가를 받을 수 있었다. 이제는 컴퓨터로 이력서를 작성하니 이런 부분은 없어졌다고 볼 수 있지만, 자필이력서처럼 자기 개성이 묻어나는 형식 표현이 어느 정도 필요하다. 제목을 볼드체(bold, 두꺼운 글씨체)로 한다거나 강조할 부분을 더 큰 글씨로 작성하고, word의 글꼴 중에서 특이한 것을 골라 사용하기도 한다(외국회사에서는 Calibri 서체를 심심치 않게 사용한다).

자, 여기까지는 물리적인 형식에 대한 주의사항이다. 제일 힘이 드는 것은 무엇을 어떤 표현으로 쓸 것인가 하는 내용, 즉 콘텐츠의 구성이다. 여기서 이력서 콘텐츠를 구성하는 데 도움이 될 수 있는 몇 가지 사항을 설명하려고 하니 염두에 두기 바란다.

1. **절대로 거짓말을 하지 않는다.** 사람인 이상 자기 자신을 좋게 표현하고 싶은 것은 인지상정이다. 들통날 것 같지 않은 사항에 대해 좀 더 잘 쓰고 싶은 생각이 불쑥불쑥 나게 된다. 이틀짜리 세미나 참석을 '단기과정 수료'라고 기입하고 싶고, 최근의 중국 프로젝트에서 10만 달러 수출을 달성했는데 '0' 하나쯤 더 붙여서 100만 달러라 쓰고 싶어진다. (자기들이 어떻게 알아낼 거야? 무슨 수로?)

하지만 세상은 그렇게 녹록하지 않다. 당장은 아니라도 거짓말은 반드시 밝혀지게 된다는 것이 필자의 경험이다. 운 좋게 서류심사를 통과하더라도 그 다음 단계인 인터뷰에서 그 거짓말을 또 다시 말로 표현해야 한다. 사람이 할 짓이 아니다. 잊지 마시라. 구직 회사의 채용 담당자는 매년 몇백 명씩 사람을 뽑는 채용의 도사들이다. 거의 관상쟁이가 되어 있는 그들의 '스캔' 능력을 우습게 보면 절대로 안 된다. SNS를 확인한다든지 알아볼 방법은 얼마든지 있다.

은퇴는 없다

대기업에서는 종종 고위급 포지션이라면 '평판조회'(reference check)라는 수단을 통해 재검토 과정을 거친다. 옅은 화장 정도는 멋지고 세련되게 볼 수 있으나 너무 덕지덕지 화장을 해버리면 피에로같이 된다. 자기만 거짓말 가득한 자기 얼굴을 보지 못한다.

2. 시를 쓰듯 음미하면서 시간을 충분히 갖고 작성한다. 금년에 25년 직장생활을 마무리하면서 재취업에 나서게 된 사람이, 1998년 5월에 참여한 프로젝트의 내용을 정확히 기억하고, 2004년에 다른 10명과 함께 개발한 소프트웨어의 성능과 그 소프트웨어를 장착한 디바이스의 수출액을 바로 생각해 내는 것은 거의 불가능하다. 전직을 자주 해서 이력서를 몇 차례 만들어본 사람을 제외하고는 자신의 과거를 몇 장에 축약하여 집어넣는 일은 정말로 긴 시간을 요하는 작업이 된다.

'내가 그때 이 일을 했나? A부서를 떠난 것이 1999년이던가?'
복기해야 할 사항이 하나둘이 아니다. 다른 이유도 아니고, 시간에 쫓겨서 불량 이력서를 작성하는 우는 범하지 말기 바란다. 백수가 된 것을 축하한다고 하면서 이 친구 저 친구 하고 술 마시러 다니다가 마감일 전날에 이력서를 마구 써 내려간, 간 큰 사람들을 나는 많이 보았다. 20년 만에 이사를 간다면 이사 전에 미리미리 창고 구석과 부엌 선반을 봐야 한다. 잊고 있던 지난 시절과 나의 소중하고 자랑할 만한 기억을 되살려야 한다.

3. 역량을 내세울 것인가 성과를 내세울 것인가? 취업이란 무엇인가? 결국 자기 자신을 셀링(selling)하는 것이다. 나를 바잉(buying)해달라는 것이다. 회사가 나의 무엇을 보고 사는가? 그들은 나의 탤런트(talent)를 보고 평가한다. 로마 시대에 돈의 단위로 언급되었던 '달란트'가 '탤런트'의 어원인데, 결국 사람의 종합적인 재능이라고 보면 되겠다.

"나의 이런 재능을 사세요!"라고 외치고, 말하고 싶은 사항을 이력서에 녹아 들게 만들려면, 탤런트를 기술적으로 잘 묘사하여야 한다. 탤런트는 크게 두 가지로 나눠진다. 하나는 역량(competency)이고 다른 하나는 성과(performance)다. 역량은 사람이 갖고 있는 기본기이다. 이력서에 역량과 성과를 어떻게 담아내는 것이 좋을까? '나는 역량도 좋고 뛰어난 성과를 창출하였습니다'라는 스토리라인은 이력서를 받아보는 사람에게 매우 식상하다.

요점은 다음과 같다. 신입이고 주니어일수록(대략 과장 직급까지 보면 된다) 역량에 집중하고, 경력직이고 시니어일수록(팀장, 이사, 상무 이상의 직책 경험자) 성과에 집중하여 기술해야 한다는 것이다. 대기업의 인사 평가도 이와 유사하다. 역량과 성과의 항목 자체는 1년차 사원이나 부장급 직원이나 유사하지만 비중은 각기 다르다. 시니어일수록 성과 항목에 대한 비중이 높고, 주니어일수록 역량에 대한 항목의 가중치가 더 높다.

입사 초년생이 "제가 100만 달러의 실적을 내고~" 라고 기술한다면 과장하고 있음을 금세 알 수 있고, 상무 직위의 시니어가 성과 분야는 별 표현이 없고, "영어를 잘하고, 10년의 현장 경험이 있다"는 것만을 강조한다면 왠지 낯 간지러운 느낌이다.

4. 포지션마다 이력서를 수정 보완한다. 책이나 인터넷 등을 통해 정말 처절하게 구직활동을 한 사람들의 땀이 밴 취업 수기를 보다 보면 때때로 한결같은 표현이 눈에 띌 때가 있다. "~수십, 수백 군데 이력서를 돌렸지만 오라는 데는 하나도 없고, ~어려운 취준생의 시절을 보내고~" 뭐 대략 이런 표현이다. 우리 컨설턴트들이 보는 견해로는 그렇게 했기 때문에 취업준비생 기간이 더 길어진 것이 아닌가 한다.

보통 대학 졸업생들은 이력서를 하나 만들어 여러 군데 지원을 하는데, 그때 활용하는 컴퓨터 기능이 'copy & paste'이다 이른바 '복사 + 붙여넣기' 기능을 활용하여 수십 장의 이력서를 동일한 내용으로 채우는 것이다. 신규 공채인 경우 어느 정도 가능할 수도 있겠으나 (그래도 가능하면 하지 말라는 조언을 하고 싶다) 중도 채용인 경우는 정말로 피해야 할 방식이다. 우선 기본이 되는 이력서를 작성한다. 포지션은 본인이 제일 잘할 수 있는 것으로 가정하여 이력서를 만들어놓는다. 혹 취업 공고가 있는 상태라면 그 자리를 타깃으로 해서 이력서를 작성한다. 문제는 그 다음이다. 가장 잘할 수 있는 포지션도 아니고, 먼저 공고가 났던 회사가 아닌 경우이다. 부탁하건대 지원 제목만 바꿔서 이력서를 보내지 마시라. 같은 산업군이라도 각 회사마다 철학과 비전이 다르고, 상품 및 서비스 구성도 다르다. 동종 업계, 비슷한 매출 수준의 회사라도 A회사가 우선적으로 보는 포인트와 B회사가 보는 주안점은 절대적으로 다르다.

이렇듯 각기 다른 채용 철학을 지니고 있는 회사에 동일한 이력서를 보내는 것은 지원자의 자세가 아니다. 각 회사가 원하는 점이 무엇인지 파악하여 그 부분을 좀더 앞부분에 놓고, 설명하는 부분도 좀 더 많아야 한다. 10군데로 이력서를 보낸다면 10번의 수정 보안작업이 있어야 한다. 20군데라면 20번을 고민해야 한다. 이런 과정이 100% 취업을 보장하지는 못해도, 하지 않았을 경우에 비해 취업에 소요되는 기간을 엄청나게 단축해준다는 것은 100% 사실이다.

이력서 작성에 대한 컨설팅을 하게 되면 제일 먼저 그 중요성을 설명함과 동시에 시간이 많이 걸리는 꽤 어려운 과정임을 강조한다. 특히 회사 경력이 화려한 사람일수록 재삼재사 설득하여 쉽지 않은 일임을 알게 하는 것이 컨설턴트가 해야 할 일이다.

자, 이제 이력서를 다 작성했다. 오자 탈자도 없다. 완성! 그런데 이를 어쩌나? 상당수의 좋은 회사는 영문이력서를 별도로 요구하는데…….

정답은 질문 속에 있다

얼마 전까지만 해도 대치동 학원가에서 가장 인기 있는 강의는 영어, 수학이 아닌 논술이었다. (물론 지금은 아니다. 지금은 논술 전형이 아닌 학생부 전형이 대세니까. 그리고 혹 관심이 있다고 해도 너무 알려고 하지 않아도 좋다. 어차피 또 바뀔 테니까.) 필자의 아이들은 논술 세대라 부모 된 입장에서 논술시험 보는 요령이 무엇인지 관심을 가졌던 적이 있었다. 학원이 배포하는 자료와 몇 번의 설명회 그리고 애들이 공부하는 교재를 꼼꼼히 살펴보았다.

나의 판단으로는 두 가지 요점사항이 있었다. 하나는 지문을 정독하는 것이고, 또 하나는 질문에 따라서 표현방식을 달리 한다는 것이다. 표현 방식이란 '△△과 **를 비교하라' 하면 비교하는 방식으로 서술하고, 'A의 관점에서 논하라' 하면 A의 입장이 찬성인지 반대인지 진취적인지 보수적인지를 신속히 파악하고 그것에 따라 글을 작성하여야 한다는 것이다.

이력서 작성도 논술시험 답안지 작성하는 것과 크게 다르지 않다.
이력서 작성자의 공통된 실수 중 하나는 자기가 말하고 싶은 내용 위주로 작성한다는 것이다. 실적을 낸 사업을 자랑하고 싶고, 나의 분야에서 내가 얼마나 훌륭하게 일했는지를 알리고 싶어 한다. 그러다 보니 이력서가 '일방적인 말하기'가 되어버리는 경우가 아주 많다. 고3 학생이 논술 문제지를 정독하듯이 회사가 내건 채용 공고문(JD / Job Description)을 여러 번 자세히 읽어보고, 채용회사가 원하는, 듣고 싶은 말이 무엇인지 알아 맞혀야 한다.

JD라는 퀴즈 문제를 푼다고 생각해도 좋다. 정말로 알아냈다고 자신할 정도가 되어야 합격할 수 있는 가능성이 커진다. 대강 이러이러한 사람을 뽑겠다는 정도로 이해해서는 절대로 안 된다. 이과 보직보다는 문과 보직이, 낮은 직급보다는 높은 직급이, 그리고 외국 회사보다는 한국 회사가 그 행간(行間)을 읽어내기가 더 어렵다.

다음은 2016년 6월 1일 인터넷 구인구직 포털에 올라와 있었던 어떤 패션 회사의 구직 공고문이다.

㈜ 옹달샘 회사 인사팀 5년 경력자 채용

* 주식회사 옹달샘은 2004년에 설립된 회사로 자본금 00억 원, 매출액 000억 원, 사원 00명의 소기업입니다. 서울 강남구 신사동에 위치하고 있으며, 섬유, 봉제, 패션 사업을 하고 있습니다.

모집분야	담당업무	자격요건	모집인원
경영관리부 인사팀	인사관리 - 인력운용, 채용, 평가, 보상, 승진 기타 인사 관련 번반	학력 : 대학교 졸업 경력 : 3년 이상 〈우대사항〉 관련학과 전공자, 컴퓨터 활용 능숙자, 유관 업무 5년 이상, 관련 자격증 소지자	1명

근무형태: 정규직(수습기간 有)

주변에서 흔히 볼 수 있는 취업공고문이다. 매우 간단하면서, 국내 중소기업 관행대로 나름 회사 입장에서 할 말은 다 한 셈이다. 자, 한번 읽어 보시라. 지원자는 무슨 대목을 어떻게 알아내야 하는가?

(1) HRM(Human Resource Management, 인재관리)을 뽑는 것이지 HRD(Human Resource Development, 인재개발)를 뽑는 것이 아니다. 인사전문가라면 채용, 평가, 보상 등의 일반적인 인사관리인 HRM과 교육, 훈련, 육성 등을 다루는 HRD의 차이는 알아야 한다. 70명의 작은 회사가 HRD에 힘을 쏟을 여지가 없을 것으로 추측되고, 교육 등의 표현은 어디에서도 찾아볼 수 없다.

(2) 대학교 졸업은 (좀 불친절한 대목이긴 하나) 4년제 대학으로 이해하면 되겠다. 요즘 추세는 4년제 대학이 아니면 2~3년제 대학이라고 분명히 표기하는 편이다. 위아래 각기 다른 경력 연차를 제시하였는데, HRM 업무로만 3년 이상 경력이거나 유관업무(한국의 채용공고에서 제일 자주 나오는 표현 중 하나다) 5년 경력 이상이면 지원하라는 말이다. 유관업무가 뭐냐고? 그야말로 이현령비현령으로 '회사가 생각하는 것을 맞혀봐라' 하는 표현이다. 이런 회사라면 중견기업이나 중소기업의 '인사/총무' 부서 근무경력을 유관업무로 생각하고 있다고 예측할 수 있다. 대기업이 아닌 일반 작은 회사는 보통 인사+총무 기능을 묶어서 운영하는 예가 많다.

(3) (반드시 그런 것은 아니나, 이번 예에서는) 관련학과 전공자 우대사항은 말 그대로 우대사항 그 자체일 확률이 크다. 무슨 말이냐 하면, 전자공학과 출신으로 5년 경력 보유자면 경영학과 출신으로 1년 경력자보다는 합격할 확률이 더 높다는 말이다. 관련학과 전공자 우대사항은 상당수 공고문에서 이제까지 사용하던 표현이기 때문에 관성적으로 집어넣는 사례가 많다.

(4) 가장 중요한 포인트는 무엇인가? (아직도 못 찾았나요?) 정답은 '기타 인사관련 번반'이다. 우선 '번반'은 '전반'의 오타라는 걸 재빨리 알아차려야 하고, 인사관련 전반이라는 문구가 나온 배경을 검토해봐야 한다. 신입이 아닌 3~5년차를 원하는 것은 투입 즉시 활용할 수 있는 사람을 원한다는 것이고, 위로는 차장이나 부장 정도의 관리자가 있을 것으로 보인다. 결국 (흔히 하는 말로 손발이 돼서) 이것저것 인사팀의 온갖 잡일을 성심성의껏(=군소리 없이) 잘해줄 일꾼을 구한다는 것이 핵심이다.

이렇게 파악했으면 이력서 내용은 어떻게 되어야 하겠는가? 당연히 '채용 전문가를 내세우기보다는 인사팀 업무 전반에 대해 조금씩이나마 이것저것 해본 경험이 있는 제너럴리스트(generalist)로 구성하는 것이 현명하다고 할 수 있다.

이렇듯 질문지(구인 공고문)를 확실하게 이해할 수 있다면 이력서 작성이 매우 용이해질 것이다.

글로벌 회사들의 JD는 어떤 식으로 구성되는가? 지겹고 답답할 정도로 자세한 경우가 대부분이다. 그래서 위와 같은 추정이나 고민을 할 필요성이 줄어든다.

다음은 글로벌 HR 컨설팅 회사가 HR 담당 임원을 채용하겠다고 작성한 JD 이다. 분량은 일반적 기준으로 보았을 때 보통이다. (꼭 다 읽어주기 바란다.)

(ABC company / JD sample / May 2016)

EVP, Global Human Resources

The EVP, Global Human Resources, is the primary lead for human resources and talent management functions globally. The executive leads and evaluates all strategic HR initiatives, leverages HR and talent management expertise to ensure the implementation of effective HR programs for the company and partners with colleagues globally in order to ensure policies and procedures are in alignment with overall HR goals and objectives. This person also coaches and mentors other executives on the senior management team and liaises with AAA firm HR directors and colleagues. As a member of the executive team, s(he)is a competent leader, and exemplifies and communicates the organization's Core Values, Leadership Principles and culture of Making a Difference.

Reporting Relationships:

- Reports directly to the President and Chief Operating Officer

Direct Reports:

- Yes

Location of Position:

- This position is located in San Francisco, CA, USA

Major Responsibilities

Strategic Partnering

- Highly-collaborative and detail-oriented "team-player" who will serve as a trusted advisor and business partner to the executive team as well as a primary business partner with Adecco.
- Provide strategic support and hold accountable ABC internal employees in all global offices.
- Conduct ongoing and frequent needs analysis with members of the executive team and with colleagues in the field to determine HR initiatives needed to meet business and strategic objectives.

Human Resources Leadership

- Take a proactive and tactical approach to human resources, which includes aligning the long-range human resources planning goals with the strategic priorities for the organization.

- Responsible for implementing and administering HR "best practices" around policies, procedures, and strategy.

- Ensure HR policies and programs are linked to business objectives.

- Advise and assist internal clients with interpretation and application of policies and procedures, coaching, legal compliance, employee complaints, disciplinary and termination issues and other employee relations issues.

- Evaluate and modify executive and senior management compensation programs annually and produce compensation letters for global management teams.

- Coordinate with legal, risk management and group compliance to resolve legal and at-risk issues.

- Develop and oversee the implementation of global HR policies, programs and guidelines to meet the needs of the organization, comply with legal requirements, and to promote positive employee relations.

- Sponsor and oversee the implementation, coordination and communication of global projects, such as Ideal Place to Work survey, compliance training, and other AAA group projects assigned to the human resources department.

- Travel to office locations in the field to present new programs and address business needs where applicable.

● Promote a culture of development and accountability and foster open communication within all levels of the organization.

● Coach and mentor executive team and colleagues in the field for developmental purposes.

Talent Management Expertise

● Apply expertise in talent management to upgrade the quality and number of high performing employees developed to support the business needs.

● Manage the global talent review process for the identification of employees for future development and/or other alignment. Make recommendations to improve processes and create more effective solutions to employee relations issues.

● Design and oversee the creation, implementation and coordination of internal programs for developing top talent employees and monitor the results of these programs to produce succession candidates, positive impact on the organization and ROI.

Required Experience/Characteristics

● Undergraduate degree required, with human resources or business major preferred.

● 10 to 15 years' human resources and talent management leadership experience, including at least 5 years of direct management experience

- preferably in an environment with a distributed workforce and multiple office locations.

● Experience resolving complex employee relations issues.

● Extensive generalist experience with broad, in-depth expertise of policy and procedural development consistent with related laws and regulations required, including understanding of international labor laws and cultures, as well as differences between domestic and international policies and practices.

● Demonstrated track record of success in solving complex business issues through the design and implementation of effective HR and talent development strategies and solutions.

● Ability to function at a very strategic level but also maintain a "hands-on" approach to the business. Excellent oral and written communication skills required with the ability to clearly and concisely articulate ideas and concepts and make presentations at conferences and professional organizations.

● Extensive knowledge of creating and implementing talent management, employee development, succession planning and other human resources processes.

● Strong business acumen and leadership skills to lead and motivate groups and individuals. P&L experience and executive management experience helpful.

● High degree of honesty, integrity and confidentiality.

● Ability to travel globally.

좋은 resume는 좋은 인터뷰를 낳는다

'resume'라는 말을 처음 들어본다면, 글쎄, 전직 시장에 관심이 없거나 퇴사를 고려해본 적도 없이 행복한 회사생활을 해온 것으로 이해하고 싶다. 원래 프랑스어로 요약, 개요라는 의미인데 언제부턴가 영미권에서 이력서라는 의미로 통용되고 있다(영국에서는 이력서를 curriculum vitae 약자로 C.V.라고도 한다). resume는 처음 써보는 사람에게는 매우 생소하고 어려울 수 있으나 한 번 작성하고 나면 그 다음에는 본인이 얼마든지 응용이 가능하다.

여기서는 작성법을 일일이 언급하는 대신 필자가 resume와 관련한 컨설팅을 하면서 확인한, 지원자들이 흔히 간과하는 몇 가지 부분에 대해서 언급하고자 한다.

은퇴는 없다

Resume는 당연히 영어로 작성한다. 우리 글이 아닌 만큼 두 번 세 번 확인하고 또 확인해야 한다. 제일 먼저 지적하고 싶은 사항은 고유명사에 대한 내용이다. 학력란(education background)에 본인이 졸업한 학교 명칭을 실수하는 사람들이 너무도 많다. 고려대학교를 'Koryo University'라고 적어오는 사람은 애교에 가깝다. 고려대학교는 Korea University, 숙명여자대학교는 Sookmyung Women's University다. 그럼 이화여자대학교는? Ewha Woman's University다. 같은 단어인데 조직과 기관에 따라 다 다르게 쓴다. 중앙대학교의 중앙은 Chung-Ang인데, 중앙일보의 중앙은 Joongang이다. 현대자동차는 Hyundai Motor Company이다. 그럼 기아자동차는? 엉뚱하게도 Kia Motors Corporation이다.

resume는 주소도 영어로 쓴다. 분당에 사는 사람은 경기도를 영어로 어떻게 표기할까? Kyung Ki Do? 그런데 경기도청에서 사용하는 공식 영어는 GyeongGi Province다. 우리가 일반적으로 생각하는 것과 차이가 당연히 있다. 왜 그럴까? 고유명사니까. 'Kangnam Style'이라고 하면 미국 사람들은 고개를 갸우뚱한다. 싸이(PSY)의 비디오가 미국에 처음 소개될 때는 'Gangnam Style'로 알려졌기 때문이다. 당신의 resume에 나오는 모든 고유명사는 몽땅 다 하나하나 확인하라.

둘째로는 '콩글리시'에 주의하라.
TV 예능 프로그램에서 매일같이 듣는 말이 하나 있다.

"자, 그러면 오늘은 ㅇㅇㅇ의 베스트5를 알아보겠습니다."

세상에 베스트5는 존재하지 않는다. 왜? 베스트(best)는 단 하나니까. 정확한 표현은 톱(top)5다.

아줌마 A가 아줌마 B에게 말한다.

"오늘 ㅇㅇ 백화점에서 세일한대. 어서 가자."

이것도 웃기는 말이다. 백화점에서는 매일 물건을 파는 '세일' 중이다. 여기서 말하고 싶은 세일은 바겐 세일(Bargain Sale)이다.

아이돌 가수가 토크쇼에서 이렇게 말한다.

"ㅇㅇ 선배는 매우 시크하셔서 좀 차가운 성격인가 봐요."

모르긴 몰라도 이 가수는 시크를 '쿨하다'는 의미로 쓴 것 같다. 언제부터인가 방송가에서는 'chic'를 'cynical'하다는 의미로 쓰고 있다. chic는 세련되고 맵시가 난다는 의미다.

이런 환경에서 살고 있는 우리는 자기도 모르는 사이에 이러한 단어들을 자꾸 쓰게 된다. 와인 메뉴(wine menu), 자동차 핸들(handle), 스텐 밥그릇……. 이를 어쩌나. 모두 '콩글리시'니.

세 번째로는 동사에 대한 부분이다. 동사의 구현은 대단히 정교하게 다루어야 한다. 우선 시제는 과거시제다. 이력(지금까지 거쳐온 학업, 직업, 경험)인 만큼 당연히 과거의 사실이다. 우리말로 "근무(함)"이라고 생각해서 동명사(working)를 쓰는 경우도 있는데, 웬만큼 영어에 능통하지 않고는 다른 문장과의 균형을 맞추기가 힘들다. 그냥 'worked'라고 쓰자.

은퇴는 없다

핵심은 어떤 동사를 선택할 것인가이다. 주니어들이 종종 저지르는 영어 표현의 실수는 "I managed 'ABC project'"다. 이것이 왜 실수냐고? manage의 뜻이 무엇인가? 경영하다, 처리하다, 관리하다, 조종하다, 다루다 등이다. 사원이나 대리가 몇 백만 달러짜리 ABC Project를 '관리했다'는 것은 어째 좀 어색하지 않은가? work cooperatively, cooperate, dedicate, participate 정도가 맞는 뜻일 것이다.

다음은 무엇인가 이루어내고, 해내고, 성과를 냈다는 동사를 정리한 것이다. 과연 나는 어떤 동사에 맞는 일을 하였던가?

Accelerated, accomplished, achieved, administrated, built, completed, conducted, consolidated, controlled, co-ordinated, created, delegated, designed, developed, directed, earned, established, expanded, founded, generated, headed, implemented, improved, increased, innovated, installed, instituted, introduced, launched, led, managed, motivated, operated, organized, performed, planned, processed, programmed, promoted, proposed, reduced, revised, serviced, set up, solved, streamlined, strengthened, structured, succeeded, superseded, supervised, systematized, trimmed, unified, verified,

이렇게 예를 든 동사 말고도 나의 액션(action)을 표현할 수 있는 동사는 얼마든지 있다. 가장 적합한 동사가 무엇이지 고민하는 것이 resume 작성에 쏟는 노력의 절반이다.

잘 작성된 resume가 있으면 가장 큰 혜택은 무엇인가? 무엇보다 영어 인터뷰를 잘 치를 수 있다. conducted가 맞는지 managed가 맞는지 resume 작성 시 본인이 직접 고민했다면, 어떠한 질문이든 이력서에 기술했던 동사를 그대로 사용함으로써 쉽게 답할 수 있게 된다. 좋은 resume는 좋은 영어 인터뷰 결과를 낳는다.

자격증은 만능이 아니다

전직 컨설팅을 하다 보면 이러저러한 자격증이 괜찮겠느냐는 질문을 자주 받게 된다. 하지만 몇몇 자주 듣는 자격증을 제외하고는 잘 알지 못한다고 하는 것이 해답이다. 너무 많고 복잡하며 그 효용성까지 파악하는 것은 매우 어렵기 때문이다.

자격증은 크게 나누어 국가자격증과 민간자격증이 있고, 국가자격은 다시 국가 기술자격(530종)과 기술 외 국가자격(211종)으로 나누어진다. 민간자격은 '자격기본법'에 근거한 공인민간자격(100종)이 있고 각종 민간단체나 민간협회에서 법적 근거 없이 임의로 발급하는 순수민간자격(약 2만 400종)이 있다. 자격증에 대해 좀 알고 있다면 다음 문제를 풀어보기 바란다.

1. 다음 중 국가 공인자격증은?

(1) 기업가치평가사 (2) 한국어강사 (3) 법정관리인 (4)문화해설사

1번 문제의 정답은? 모두 국가자격증이 아니다.

2. 다음 중 국가공인이거나 국가 기술자격증이 아닌 것은?

(1) 직업상담사 (2) 산림교육전문가 (3) 장례지도사 (4) 텔레마케팅관리사

2번 문제의 정답은? 모두 국가자격증이다.

당신이라면 '모두플러스'라는 회사에서 발급하는 식이요법관리사, '드림교육원'에서 발급하는 노인심리상담사, '국제라이프케어협회'에서 발급하는 노인복지상담사 중에서 어느 자격증을 받고 싶은가? 사실 이 모든 자격증은 공정거래위원회에서 제재를 받은 것들로, 민간에서 발급할 수 없는 영역임에도 민간단체가 허위광고를 내면서 자격증 장사를 한 경우다(2013년 6월, 공정거래위원회).

2015년 자격증 필기시험 응시자가 150만 명을 넘어섰다. 또한 실기시험 응시자도 100만 명을 넘어선 상태다. 2만 개 이상의 민간 임의 자격증이 난무하고, 응시자가 100만 명 이상인 상황에서 옥석을 가리는 것은 매우 힘들다.

자신에게 맞는 자격증을 선택하기 위해서는 다음의 요소들을 검토해보기 바란다.

은퇴는 없다

우선, 자신의 전공과 연계되어야 한다. 여기서 전공이라 함은 이제까지 본인이 일해 왔던 전문영역을 의미한다. 둘째로는, 가능하면 공인자격증을 선택하도록 한다. 꼭 국가 공인자격증은 아닐지라도 훌륭한 공인 민간자격증도 많이 있다. 그리고 좀 더 꼼꼼한 사람이라면 두세 개의 자격증을 연계해서 시너지 효과를 얻는 것도 좋은 방법이다. 마지막으로, 자격증을 취득했다고 해서 끝이 아니다. 취득 후 자신의 경력과 네트워크를 활용하여 전문성 있는 취업이 되도록 해야 한다.

이런 모든 상황에도 불구하고 퇴직자들에게 자격증은 유용하다. 퇴직자들이 퇴직 이후 직업 선택에서 자격증을 최대한 활용하려는 시도는 당연하다. 자격증 취득자의 49.9%가 40세 이상이고, 특히 45세 이상이 무려 34%다. 필자의 회사에서 45세 이상 퇴직자들에게 안내하는 자격증 중 몇몇을 소개한다.

주택관리사보, 기업가치평가사, 법정관리인, 직업상담사, 문화해설사, 살림교육전문가, 빌딩경영관리사, 커리어컨설턴트 등이다.

취득하고 싶은 자격증을 선택하기 이전에 '공인' 여부를 먼저 확인하는 것이 무엇보다 중요하다(www.pqi.or.kr).

지금 당신의
직업은?

재취업에 안달하는 고객들이 늘 하는 이야기는 "일이 없어서 한가하다." 그러니 "빨리 일이 필요하다." 하지만 생각하기 나름이다. 지금 왜 일이 없는가? 다른 구직자들은 너무 바빠서 어찌할 바를 모르고 있는데. 일주일에 화·목 점심식사는 네트워킹 차원에서 일자리를 알아봐줄 만한 지인들과 같이 해야 하고, 매주 수요일 저녁은 경영학회 동호인 모임에서 알게 된 사람들을 집중적으로 만나고, 매주 주말은 일가 친척들을 만나야 하는데, 한가하다니?

생각하기에 따라서는 하프타임이 가장 바쁘고 어려운 시기다. 보수를 받는 것도 아니고, 과연 효과가 있는 처신인지 잘 모르겠다는 생각도 들 것이다. 하지만 결혼식장에서 실수 연발인 신랑을 보고 주례가 늘 하는 코멘트를 기억해보라.

"처음 해보는 거라서……."

누구든, 평생 퇴직을 몇 번이나 해보겠는가? 처음 해보는 것이라서 시행착오도 있고 요령껏 하지도 못한다. 그래도 열과 성의를 다해서 전직 과정을 대해야 한다.

"Searching for a job is a job."

지금 당신의 직업은, 직업을 찾는 직업이다.

선택과
집중 전략

압구정동 'ㅂ성형외과'를 아는가? 코 재수술 전문이다(코 성형이 아니라 재수술 성형 전문이다). 'ㅅ성형외과'는 눈 재수술 전문이고, 'ㅌ성형외과'는 보톡스 전문이다. 성형외과 병원이 너무 많다 보니 나름 업계 내부에서 구조조정이 일어나고, 살아남기 위한 방편으로 몇몇 병원들은 제일 잘하는 분야로 특화했다.

예를 더 들어보자. 약수동의 'C정형외과'는 발가락 수술, 특히 '무지외반증'(발가락의 뼈가 휘거나 치우치는 변형의 증상) 전문인데, 전국의 발 아픈 축구 선수들이나 멋 내느라 좁은 구두 신다가 발가락이 휘어진 아주머니들로 늘 붐빈다(약수역에 도착하면 전철에서 나오는 광고방송을 들을 수 있다). 같

은퇴는 없다

은 약수동의 'S외과'는 치질 전문으로, 이 병원에서 임상 경험을 쌓은 의사들이 전국에 퍼져 있다(여의사가 많아서 잘 된다는 말도 있다. 여성 치질 환자는 여의사만 찾으니까). 세종문화회관 뒤에 있는 '삼* 회전초밥식당'은 오직 초밥만 먹을 수 있는데(우동이나 튀김은 없다), 초밥도 광어, 참치, 연어 등 가장 대중적인 몇 가지만 제공하고 접시당 가격도 하나로 통일했다. 그리고 일주일에 5일만 영업하는 극도의 집중 전략을 구사하면서 23년간 같은 장소에서 성업 중이다.

자신이 잘할 수 있는 것을 찾고 그것에 집중해서 더 잘할 수 있게 만드는 전략, 이른바 선택과 집중 전략은 의사와 식당 주인들만이 아니라 퇴직자들에게도 반드시 필요하다.

직장을 구하는 사람들이 급한 마음에 자주 범하는 실수 중 하나는 구직 전선을 너무 넓게 운용한다는 것이다.

이번에 회사를 그만둔 홍길동 과장은 기획 부서 일도 잘한다고 믿고, 마케팅도 전문이라고 생각하고, 해외영업도 본인의 업무 분야라고 자신하고 있다. 여기에 홍과장이 속해 있던 식품업계뿐만 아니라 섬유업계까지 기웃거린다면, 알아야 하고 정리해야 할 대상이 너무 많아진다. 따라서 구인공고를 보면 당연히 고민하게 된다. 어느 부서에 지망할지 망설이게 되는데, 이는 어느 부서든 지망할 수 있다고 믿거나 어느 부서를 지원해도 떨어질 것 같다는 상황에 동시에 직면하게 되기 때문이다.

그런데 현실적으로는 어느 부서를 지원해도 합격할 수 있다고 믿는 후보자의 대부분은 특정 부서만을 겨냥하는 다른 후보자들보다 합격률이 낮다는 것이 정설이다. 우선 정보수집 면에서 힘을 분산하게 되고, 구직 공고에는 대학교 입학요강처럼 '자유전공'이 없기 때문이다. 그럼 어떻게 특정 분야를 정하면 될까? 선택과 집중을 하게 만드는 일반적인 생각의 틀은 아래와 같다.

직군 / 산업군	동종 산업	이종 산업
동종 직군	#1 동종 직군 + 동종 산업	#2 동종 직군 + 이종 산업
이종 직군	#3 이종 직군 + 동종 산업	#4 이종 직군 + 이종 산업

#1 동종 직군 + 동종 산업

A조선회사에서 해외 마케팅을 담당하던 사람이 B조선회사 마케팅 부서를 지원하는 경우다. 가장 보편적이고, 성공확률도 높다. 업계가 지속적인 발전을 보일 것으로 판단된다면 굳이 다른 업종으로 옮길 필요가 없다. 하지만 조선업계가 전반적으로 불황이라면 다시 생각해야 한다. 재취업의 가능성이 낮기 때문이다. 이때는 #2나 #3을 고려해야 한다.

#2 동종 직군 + 이종 산업

A조선사에서 해외 마케팅을 했다면 C자동차회사 해외 마케팅 팀에서 찾는 후보자로 적합할 확률이 대단히 높다. 아니면 D전자 해외수출 팀에 자리가 맞을 수도 있다. 자기 전공(직군)을 지키면서 재취업 활동을 하는 것이 산업군을 교체하는 것보다 덜 위험할 수 있다.

#3 이종 직군 + 동종 산업

이번 기회에 경력전환을 하고 싶다면, 같은 산업에서 바꾸는 것이 그나마 유리하다. R&D 업무, 개발 업무만 하던 사람이 기술영업으로 가거나, 기획 업무만 하던 사람이 영업을 원하는 경우에 해당된다. 각오를 단단히 해야 가능한 변화인데, 하던 일에서 벗어나 새로운 직무에 도전해보고자 하는 사람이 의외로 많다.

#4 이종 직군 + 이종 산업

그다지 권하고 싶지 않은 방향이다. 요즘 같은 불황기라면, 구인 회사는 즉시 투입해서 활용할 수 있는 인력을 선호한다. 그러므로 재교육을 받고, 능력을 검증받아서 차후에 일할 수 있는 기회는 거의 없는 편이다. 정말로 일하고 싶은 업계와 업무가 있다면 눈높이를 아주 낮추거나 #2, #3을 거쳐서 가는 길을 고민해보기 바란다.

지금은 없어진 삼미그룹의 서상록 전 부회장(삼미그룹 미주법인장)이 1989년에 퇴직하고 61세의 나이로 롯데호텔 양식당 웨이터로 취직해서 한때 화제가 된 적이 있었다. 본인이 자부심을 느끼고 간절히 원한다면 이러한 전직도 있을 수 있다.

파트
4

한국의 퇴직자 현황

일반 퇴직자 동향

최근 몇 년간 구조조정, 자율협약, 워크아웃(workout), 법정관리 등 성장동력을 상실한 회사가 회생과 정리를 위해 여러 가지 조치를 강구한다는 언론보도가 많아졌다. 이러한 조치들은 공통적으로 '인력 감축'이라는 과정을 내포하고 있다. A회사에서 000명이 나가게 되었다든가, B회사는 부장 이상을 대상으로 명예퇴직을 받는다든가 하는 소식이 이제는 그다지 생소하지 않게 되었다.

그렇다면 도대체 우리 주변에서 몇 명이나 퇴직을 하고 있을까? 이렇게 사람을 내보내는 상황은 언제까지 계속될 것인가?
최근 통계에 따르면, 퇴직을 하는 사람들은 연간 약

은퇴는 없다

200만~230만 명 정도다. 2013년 퇴직소득 원천징수 신고현황(국세청 자료)에 따르면 전국에서 205만 2,708명이 퇴직을 했다. 전체 퇴직 근로자에게 지급된 퇴직급여액은 21조 원을 넘었고, 그중 84.7%인 173만 8,900명은 퇴직급여가 1,000만 원 이하였다. 이는 파견직 근로자가 2년 이내에 계약 종료와 함께 소액의 퇴직금 정산을 하고 다시 다른 회사로 이동하는 근로상황에 기인한 것으로 보인다.

근속연수는 5년 미만이 171만 명, 5년 이상 10년 미만이 24만 명, 10년 이상 근속한 사람은 10만 명 수준이었다. 대부분 중견기업과 중소기업에서 일하다 나오게 되는데, 고용보험제도를 시행하고 있는 국내 204만 2,000개 사업장(회사) 중 300명 이상을 고용하고 있는 회사는 불과 4,834개에 불과하기 때문이다(2016년 4월 기준).

여러 가지 통계자료가 있겠으나, 실업급여 수급을 위해 의무적으로 가입해야 하는, 고용노동부가 운영하는 고용정보시스템 워크넷을 들여다보기로 하자(자료: 한국고용정보원).

다음의 표에 따르면 워크넷에서 구직자는 꾸준히 증가하고 있다. 지난 5년간 34.1% 증가해서 이제는 연간 440만 명에 달하고 있다. 실업급여 수급자는 해마다 증가하고 있지만 큰 폭은 아니다. 이는 비자발적 실업인 경우에만 수급할 수 있는 실업급여의 성격에 기인한다고 보인다. '일신상의 이유'로 퇴직한 자발적 실업을 포함할 경우 퇴직자의 수는 실업급여 수급자의 수를 크게 상회할 것이다. 그리고 2015년의 경우 워크넷을 통해 260만 건의 구인

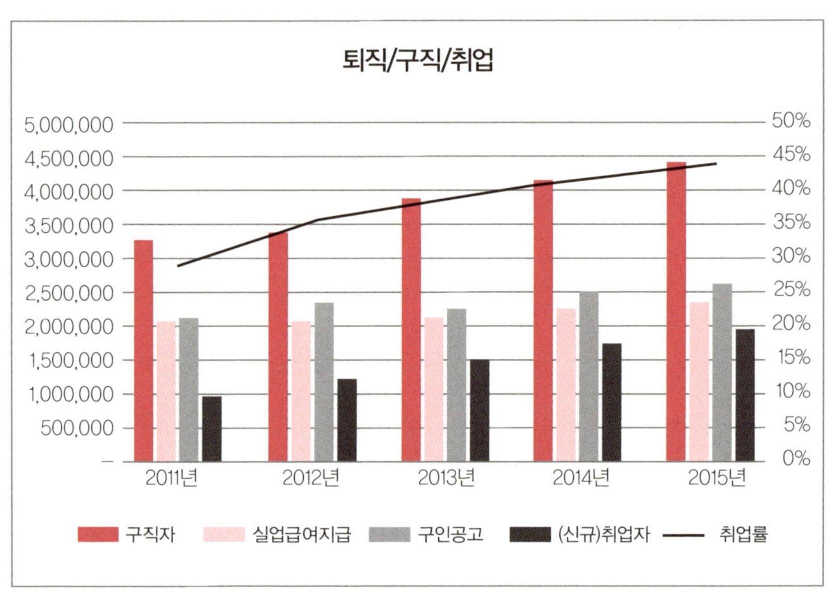

구직자, 구인공고, 취업자 추이(워크넷)

(단위: 명)

항목	2011년	2012년	2013년	2014년	2015년
구직자	3,284,664	3,381,325	3,912,110	4,144,371	4,405,024
실업급여 수급자	2,076,010	2,071,465	2,118,313	2,238,532	2,365,574
구인공고	2,154,163	2,307,710	2,251,322	2,509,740	2,620,695
(신규) 취업자	957,288	1,195,422	1,515,739	1,740,735	1,937,107
취업률	29%	35%	39%	42%	44%

* 2014년, 2015년 실업급여 지급자: 추정 수치임.

* 실업급여 수급자 수: 각 연도 분기별 통계의 합산.

* 구직자는 워크넷에 구직의사를 밝힌 사람으로, 해당 연도에 퇴직한 사람으로 가정함.

은퇴는 없다

광고를 게재하고, 193만 명이 취업하여 44%의 취업 성공률을 보이고 있다.

가장 먼저 주목해야 할 사항은, 그 어떤 자료를 보더라도 퇴직자는 계속 큰 폭으로 증가하고 있다는 것이다. 2015년에 33만 명이 신규 취업한 것으로 되어 있으나 실업급여 수급자 증가분과 통계에 직접적으로 잡히지 않는 '구직 단념자'를 포함하면 기존 퇴직자에 더해 60만 명의 퇴직자가 새로 생긴 셈이다. 2016년 4월의 경우, 단 1개월 동안 실업급여를 타간 사람이 무려 40만 8,000명에 달한다. 구직 단념자는 2013년 17만 명이었으나 2014년 40만 명 수준으로 늘어났고, 2015년 46만 4,000명을 넘어서 2016년 1월에는 51만 명을 돌파한 것으로 파악되고 있다(구직 단념자: 구직경험도 있고, 취업 의사와 능력도 있으나 걸맞은 일자리가 없어서 최근 구직활동을 하지 않고 있는 사람).

구조조정에 의하거나 비자발적인 퇴직이 증가하면서 퇴직자는 연간 220만~230만 명 정도로 지속적으로 늘어나고 있다. 구조조정은 특정 산업군에서 매년 발생하고 있는데, 2014년은 금융권에서 발생하였고 2016년은 해운과 조선에서 대규모 퇴직이 예상된다. 지난 3년간 영업이익이 개선되어 퇴직자가 비교적 많지 않은 업종은 화장품, 의류, 건강관리, 디스플레이 정도에 그치고 있다.

양질의 취직 자리가 대단히 부족하다. 2013년 장년 재취업자 현황에 따르면(통계청 자료), 임시직이 29.1%(58만 명), 일용직이 16.5%(33만 명)로 불안정한 자리가 거의 절반에 해당한다. 앞서 워크넷의 통계에 따르면 2016년 4월 한 달 동안 모두 18만 명이 취업했는데, 그중에서 월 250만 원(연봉 3,000만 원) 이상의 취업은 15%에 불과하고, 취업자 학력 중 대졸 이상은 20% 수준이었다. 따라서 상기 도표에서 40%를 상회하는 취업률은 큰 의미가 없다고 할 수 있다. 여기에다 2014년 재취업자 중 임시직, 일용직이 무려 62.3%이고 급여 수준에 관계없이 상용직을 얻은 사람은 불과 37.7%였다(고용노동부 자료).

정년을 채우지 못하고 회사를 떠날 수는 있겠으나 비자발적이고, 준비할 여유가 없이 맞이해야 한다는 것은 각 개인의 불행이다. 이제 당신은 무엇을 어떻게 준비할 것인가?

정년퇴직자 추이

part 4 한국의 퇴직자 현황

'고령자 고용촉진법'에 따라서 2016년 1월 1일부터 300인 이상 사업장의 정년은 60세가 되었고, 300인 미만 사업장은 2017년 1월 1일부터 적용되었다. 아울러 기업의 부담을 덜어주기 위해 임금피크제도 같이 도입되었다. 정년은, 공무원의 경우 이미 대부분 60세였고, 교육공무원은 62세이다. 여기서 전달하고자 하는 메시지는, 퇴직의 나이는 법으로 정해져 있으니 예측이 가능하다는 얘기다.

한국의 베이비 부머 세대는 일반적으로 1955년부터 1963년 사이에 태어난 712만~737만 명(어떻게 된 일인지 통계자료마다 좀 다르다)을 가리키는데, 전체 인구의 대략 14.5%를 차지한다. 이론적으로

이들은 2015년부터 2023년까지 정년퇴직을 해야 하지만 조기퇴직, 명예퇴직 등으로 기본 정년 시기보다 이른 2018년까지 330만 명이 퇴직할 것으로 예측된다.

임금피크제가 적용되면서 2015년, 2016년에 더욱 많은 이들이 조기퇴직 명예퇴직 등으로 회사를 떠나게 되었다. 예를 들어 2016년의 경우 시중은행은 임금피크제 해당자들의 조기퇴직으로 평년보다 많은 인력이 나갔는데, 만55세(1961년생 소띠)가 주축을 이루고 있다.

새로운 정년 규정에 의한 혜택을 보더라도 1960년생이 만60세가 되는 2020년에는 무려 80만 명이 정년퇴직을 하게 된다. 그런데 진짜 큰 문제는 이 베이비 부머들이 정년퇴직을 하고 난 뒤 그 다음 세대도 무더기 정년퇴직을 하게 된다는 사실이다.

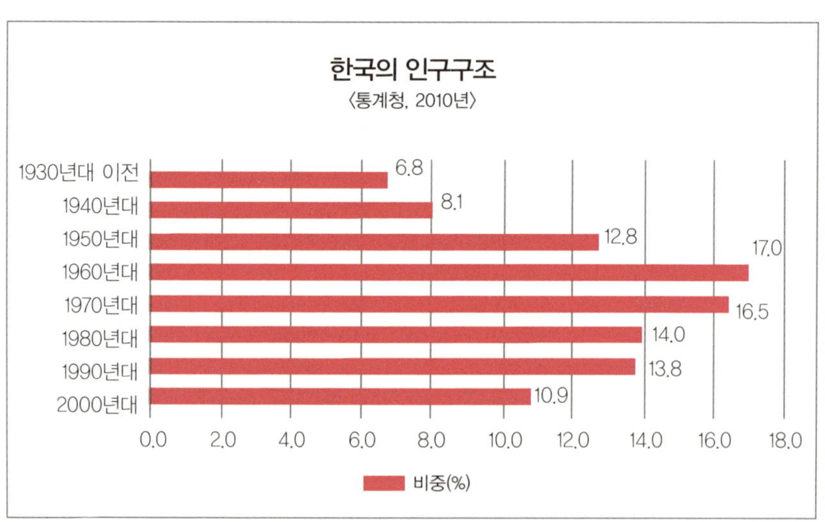

은퇴는 없다

한국에서 '386세대'는 좀 유난히 관심을 많이 받는 세대다. 한국 정치사와 경제사에 큰 획을 그었을 뿐만 아니라 위 표에서 보듯 전 인구의 무려 17%를 차지하기 때문이다. 이들이 2020년 이후 단체로 회사를 나오는 모습이 훤하게 눈에 보인다. 그리고 그 인구 수에 필적하는 70년대생(인구 비중 16.5%)이 그 이후에 회사 문을 밀고 나오게 된다.

결론적으로 지금부터 앞으로 대략 20년에서 25년간, 2010년 기준 대한민국 총 인구의 46.3%가 순차적으로 정년퇴직의 나이에 도달한다는 극적인 시나리오가 펼쳐져 있다. 정년퇴직 나이 이전에 조기퇴직을 한다 하더라도 20년 정도의 기간 동안 앞서거니 뒤서거니 하는 추세로 결국은 퇴직한다는 시나리오이니, 이 거대한 정년퇴직자군을 받아들일 사회적 시스템이나 맞춤 서비스 제공이 더욱더 아쉬운 상황이다.

신입사원, 웬만하면 그냥 다녀라

한국경영자총협회(경총) 경제조사 팀에서 공개한 '2016년 신입사원 채용실태 조사' 결과 보고서를 읽어볼 기회가 있었다. 300인 이상 기업 69곳과 300인 미만 기업 237곳에서 파악한 설문조사를 바탕으로 분석한 자료인데(구성: 제조업 65%, 비제조업 35%), 결론은 신입사원 네 명 중 한 명은 1년 이내 퇴사를 하고(27.7%), 그 퇴사율은 최근 3년간 지속적으로 증가하고 있다는 것이다. 300인 미만 기업의 퇴사율이 더 높아진 것이 주된 이유인데, 제조업과 비제조업 간의 격차는 거의 없었다.

필자가 주목하는 것은 두 가지인데, 하나는 300인 이상의 기업에서 신입사원 퇴사율이 2년 사이 1.9%

은퇴는 없다

대졸 신입사원 채용 후 1년 내 퇴사율

	2012년	2014년	2016년
전체	23.6%	25.2%	27.7%
300인 이상	8.6%	11.3%	9.4%
300인 미만	30.6%	31.6%	32.5%

대졸 신입사원 채용 후 1년 내 퇴사율

	2014년	2016년
제조업	25.4%	27.3%
비제조업	24.7%	28.4%
전체	25.2%	27.7%

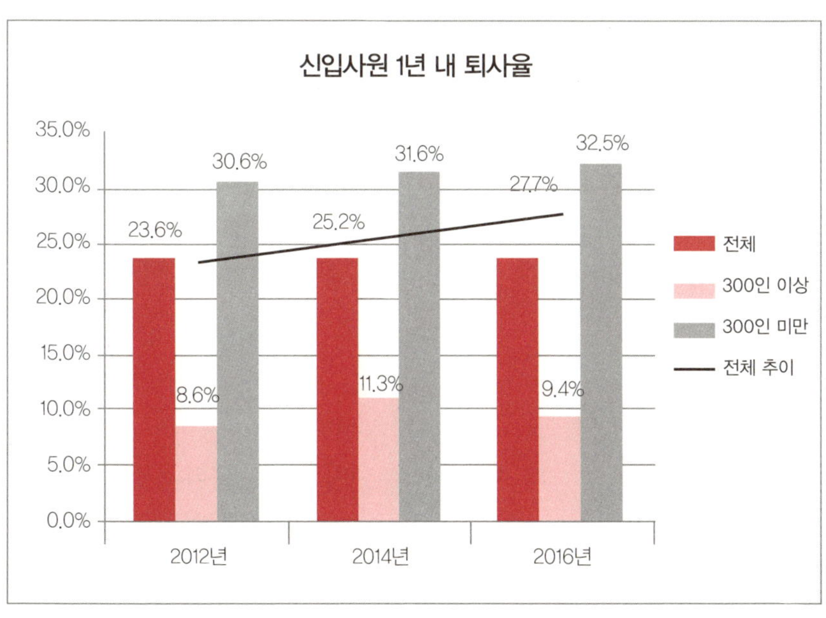

포인트 낮아졌다는 것과 전체 퇴사율이 1년 내 통계치고는 좀 높은 수치가 아닌가 하는 점이다. 재취업 시장이 계속 어려운 상태로 흐르다 보니 옮겨 갈 만한 회사가 마땅치 않아서 괜찮은 근무조건의 웬만한 회사라면 그대로 눌러앉으려는 경향이 강해졌다.

좀 걱정스러운 것은 1년 이내에 퇴사하는 신입사원 중 41.2%가 입사 후 3개월 이내에 그만둔다는 수치다. 두세 군데에 동시 합격한 것이 아니라면 경솔한 판단이 아닌가 싶어서다. 하반기 입사에 재응시하거나 재수를 해서 1년 뒤에 다시 입사시험을 보는 경우가 발생할 것이기 때문이다.

'예능끼' 충만한 전현무 아나운서는 3개 지상파 방송국에 총 일곱 번, 3수만에 입사했다. 하지만 아나운서라서 그렇지 일반 회사라면 이야기가 달라진다. S전자 들어가겠다고 3수하라는 조언을 들어본 적이 있는가? 정말로 못 견디겠고, 인생을 걸고 후회 안 할 자신이 있다면 퇴사하라. 하지만 1년차 사원의 눈에 비친 조직의 '부조화'와 팀장의 '무능함' 그리고 회사의 '말도 안 되는' 비전은 회사생활 몇 년을 지나고 나면 다 나름대로 이유와 근거가 있다는 것을 알게 된다.

웬만하면 회사 그냥 다녀라. 그리고 3년 뒤를 노려라.

필자가 다녔던 회사의 사내 이동 원칙은 3년 이상 동일 부서에 근무한 사람 중에서 선택하되 보내는 부서, 받는 부서, 본인 등 3자가 합의하여야 한다는 것이었다. 시스템이나 기술이 아니라 사람이 고객 접점에 나서는 은

은퇴는 없다

행과 같은 산업군에서는 좀 어려운 원칙일 수 있다. 중요한 것은 3년을 채워야 한다는 기본 수칙이다. 왜 3년일까? 어떤 직군이건 적어도 3년이면 그 업의 문리를 이해할 수 있다. 체득까지는 아니더라도 계절적 효과(seasonal effect)까지 습득해서 일에 대한 완성도가 혼자 해결할 수 있을 수준이 된다는 것이다. 그렇게 되면 회사에서도 대리를 달거나 주임으로 승진하거나 책임자로 승급한다. 이직과 스카우트의 개념으로 보면 사원 3년차 또는 대리 1년차가 가장 인기가 높다.

서치펌의 홈페이지에서 오프닝 포지션(opening position)을 보면 3~4년차 구인 광고가 매우 많다. 이왕 중도입사 사원으로 뽑을 거면 사원으로서의 충실도가 높은 3년차 사원을 선호하는 것이다(이때가 되면, 다니던 회사에서 다른 회사로 이직을 못하도록 대리 타이틀을 달아준다는 혹자의 말도 있다). 3년간 절치부심하여 갈고 닦으면 더 좋은 경력관리의 길이 보일 것이다. 그리고 3년 동안 회사를 다녀보면 3년 전보다 지혜로운 의사결정을 내릴 가능성도 높아진다.

신입사원도 퇴직할 수 있다. 1년차 사원도 퇴사할 수 있다. 그러나 이유가 분명해야 한다. 이직에 대한 분명한 로직(Logic)이 있어야 한다. 아니면 경솔한 사람으로 치부되기 십상이다.

은퇴가 아니라 '중년' 퇴직

은퇴의 사전적 의미는 '직임에서 물러나거나 사회활동에서 손을 떼고 한가하게 지낸다'라는 뜻이다. 과거 평균수명이 짧았을 때는 60세를 전후하여 이른바 현직에서 물러나고, 그 이후는 저술이나 강연 등 비교적 강도가 낮은 일에 참여하거나 사회활동, 종교활동 등으로 그야말로 '소일'을 하는 것이 보통이었다. 그리고 그러한 상태를 '은퇴했다'고 불렀다. 그러나 세상은 변했고, 그렇게 한가하고 무료하게 지내도록 놓아두지 않는다.

우선 의학적으로 전보다 더 오래 살게 되었다. 최근 통계청이 발표한 자료를 보면, 대한민국 국민은 2010년 평균 수명 80세를 돌파해서 2013년에 남녀

은퇴는 없다

평균 81.8세, 2014년에는 82.4세에 도달하게 되었다. 이는 OECD 국가 평균인 80.5세(2013년)보다 높고, 독일이나 미국보다 높은 수치다. 특히 연령 00세의 사람이 앞으로 생존할 것으로 기대되는 평균생존 연수인 '기대여명'을 보면 정말 살아야 할 나이가 많다는 것을 알게 된다.

2013년 기준으로 40세의 기대여명은 38.59년이고, 45세는 33.99년, 50세는 29.52년, 55세는 28년이 된다. 따라서 현직에서 물러나도 대략 25년 이상을 더 살아야 하는 셈이다. 사회생활을 접고 그냥 유유자적하게 여생을 보내기에는 너무도 긴 시간이다.

둘째, 그렇게 살기에는 경제적으로 준비가 덜 되어 있는 사람들이 많다. 예를 들어 720만 명의 베이비 부머들이 국민연금과 같은 공적연금에 가입한 비율은 31.8%에 불과하고, 지속적인 소득원도 갖고 있지 못하다. 따라서 약 400만 명이 저소득층으로 분류되고 있다. 셋째로 55세 내지 60세에 또 다른 시작을 하지 못하면 좀 더 나이가 들어서는 정말로 할 수 있는 일이 없어진다는 것이다. 55세 전후에 눈높이를 낮추면 그나마 여기저기서 할 일을 찾을 수 있지만, 어느 시점이 지나면 그것마저 할 수 없게 된다.

2015년 미국 영화 《The Intern》(주연: 로버트 드 니로, 앤 해서웨이)은 30세 여성 CEO가 있는 220명짜리 벤처회사에 70세 어르신이 인턴으로 취업하여 벌어지는 이야기를 짙은 인생의 의미로 담아내고 있다. 영화 속에서 시니어 인턴이 제일 처음 실력 발휘를 하는 업무가 CEO 차량 운전이었다. 우리나라 시니어 인턴은 몇 세까지 운전을 할 수 있을까? 아니면 어떤 일을 할 수 있을까?

우리나라의 중년들은 현재까지 몸 담았던 조직을 떠나서도 일을 해야만 한다. 그래서 계속 일을 하겠다는 의지가 있다면 나이가 몇 살이든 은퇴라는 표현은 맞지 않는다. 정년에 맞춰 기존 조직을 떠나는 것은 은퇴가 아니고 '정년퇴직' 또는 '중년퇴직'이 바른 표현이라 믿는다.

참고로 필자의 회사에서는 강의 교재에서, 일에서 완전히 떠나는 것을 '완전한 은퇴'라고 별도로 분류하고 있다.

퇴직자는
계속 증가할
것이다

일반 퇴직자들과 정년퇴직자들을 포함하여 향후 퇴직자들은 지속적으로 증가할 것인가? 한마디로 그렇게 될 것이라는 게 중론이다. 정년퇴직자들은 인구 분포상 향후 20년 이상 계속 양산될 것이고, 경제가 좋아져서 고용시장이 구직자들을 획기적으로 흡수하지 않는 이상 비자발적 실업과 퇴직 상황은 지금보다 나아질 기미가 보이지 않는다.

우선 경제성장률이 하강하는 추세에서 벗어나지 못하고 있다. 한국이 OECD에 가입할 때인 1996년 7.6%였던 경제성장률은 1998년 IMF 경제위기 시절에 -5.5%를 기록하였다. 그 다음해에 11.3%로 반등에 성공하고 2002년 7.4%로 반짝 회복했으나 그 이후 단 한 번도 7%대를 기록하지 못했다. 10년 주기로 보면, 1990년대 (1990~1999)는 평균 7.13%, 2000년대(2000~2009)는 4.67%로 둔화한 데 이어 2010년대(2010~2015)는 3.55%까지 떨어졌다. 2015년 2.6%로 OECD내 12위를 기록하여 처음으로 10위권 밖으로 밀려났고, 2006년에는 OECD 평균 경제성장률보다 2.1% 포인트가 높았으나 2015년에는 그 갭이 0.5% 포인트로 축소되었다.

문제는 향후 경제성장률이 좋아질 기미가 보이지 않는다는 것이다. KDI는 2016년과 2017년의 경제성장률을 각각 2.6%, 2.7%로 예상하고 있다. 잠재 성장률의 하락이 인구 고령화, 기업투자 부진, 서비스업 생산성 정체 등 단기적 요인에 의한 것이 아니라 장기적인 구조적 요인으로 파악되는 만큼 규

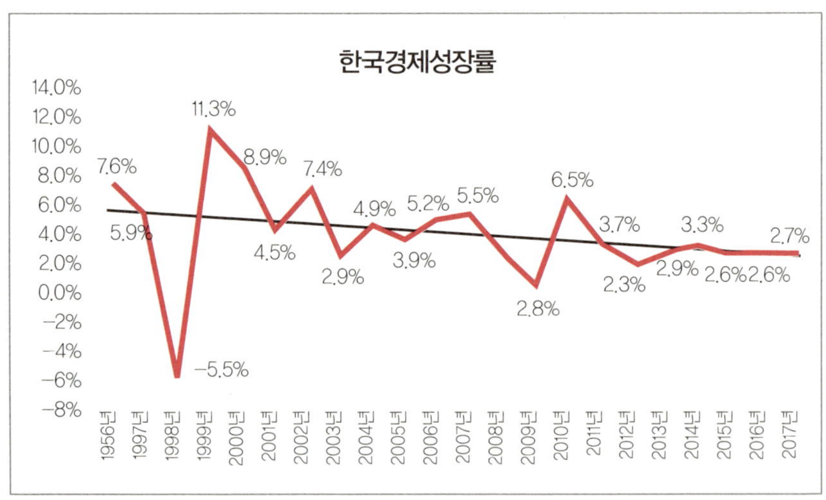

은퇴는 없다

제완화 등의 구조개혁이 신속히 이루어지지 않으면 더 어려운 국면을 마주하게 될 것으로 보인다(연합뉴스 자료. 2016년 5월 29일).

또한 2015년 금융사를 제외한 상장기업의 26.2%가 이자보상비율이 1.0 미만이었다(이자보상비율: 영업이익을 금융비용으로 나눈 값. 수치 1.0 미만은 영업이익이 금융비용보다 적다는 의미이다). 이는 상장기업의 4분의 1 정도가 장사해서 번 돈으로 이자도 못 내고 있다는 뜻이다. 거기에다 한국은행에 따르면 2014년 말 외부감사 대상기업 2만 7,995개 중 좀비기업이 무려 14.4%나 된다(좀비기업: 회생 가능성이 크지 않으면서 정부와 채권단의 도움으로 간신히 버티는 기업).

실업률은 2013년 3.1%, 2014년 3.5%, 2015년 3.6%로 조금씩 높아지고 있는데, 월별 통계로는 2016년 2월에 이미 4.9%를 넘겼다. 이러한 어려운 환경 속에서 기업들은 신규 채용을 주저하고, 그나마 많지 않은 구인 자리가 나오더라도 당장 현업에 투입할 수 있는 장년과 고령층 고용을 늘리고 있다. 2015년 현재 취업자 수는 모두 2,593만 6,000명인데 그중 50대 이상이 37.2%인 965만 5,000명이고 40대가 26.7%인 692만 명, 그리고 20대 30대는 36.1%인 936만 9,000명이었다.

특이한 사항은 한국 역사상 처음으로 50대 이상이 20대 30대 취업자 수를 넘어섰다는 것이다. 이에 따라 한국 근로자 평균 나이는 1999년 40세, 2010년 43.1세에서 2015년에는 44.4세를 기록하였다. 그리고 전년 대비 2015년 순증 취업자 수는 33만 7,000명인데, 이 가운데 51%가 60세 이상이었다. 결국 청년 고용은 부진하고 50대 이상은 정년퇴직 이후에도 노후를 위해 노동시장을 떠나지 않고 있다는 해석이 나온다.

이 모든 지표들은 연차에 따른 정년퇴직자 이외에도 비자발적 퇴직자들이 고용시장과 창업시장으로 쏟아져 들어올 것이라는 사실을 알려주고 있다. 여러 정보를 종합해보면 2020년부터 매년 적어도 200만 명 이상의 퇴직자가 등장할 것으로 예측된다. 퇴직하고도 의미 있고 여유로운 생활을 누릴 준비를 하지 못해 구직시장을 계속 기웃거려야 하는 '반퇴자'(半退者) 시대도 예상할 수 있다. 이러한 상황은 IMF 경제위기와는 사뭇 다른 것으로, 보다 심각하고 보다 장기적으로 다가올 것으로 보인다.

현재 직장을 다니는 사람도 이러한 어려움이 '내게도 닥칠 수 있다'는 현실을 직시해야 할 것이다.

인터넷에 '(정년)퇴직 후 보람 있게 살아가는 법' 등으로 검색해보면 많은 글들이 올라온다. "첫인상을 관리하자"부터 "재정적인 독립" 등 여러 가지 좋은 말들이 있다. 하지만 현실적이고 개인적인 맞춤 컨설팅이나 멘토링의 중요성을 언급하는 글은 그다지 많아 보이지 않는다. 이런 어려움을 극복하기 위해서는 본인이 결심하는 특단의 조치와 더불어 전직 지원 전문가들의 조언을 받도록 권하고 싶다.

전직
지원 서비스의
이모저모

'아웃플레이스먼트 서비스'(outplacement service) 또는 '아웃플레이스먼트 컨설팅'(outplacement consulting)으로 불리는 HR 서비스는 1967년 미국 보스턴에서 처음으로 시작되었다고 알려져 있다.

몇몇 심리학자들이 일반 회사 임원들을 대상으로 진단(assessment)과 인터뷰 트레이닝(interview training)을 하고 있었는데, 거래처 중 어떤 회사가 회사를 떠난 전직 임원들에 대한 워크숍을 요청하고, 그 워크숍의 주제를 〈How to interview to 'get hired'〉 로 했다는 것이다. 이것이 최초의 아웃플레이스먼트 컨설팅이라고 할 수 있다.

이 최초의 컨설팅을 제공한 회사가 바로 DBM이다. 이후 1970년대 뉴욕 등의 다른 대도시에서 임원 교육, 성과 측정, 조직 컨설팅 등의 서비스까지 더해진 과정이 수립되어 미국과 유럽 등지로 퍼져가게 된다.

아웃플레이스먼트 서비스라는 개념은 보통 전직(轉職) 서비스라고 번역되지만, 실제적인 의미는 보다 광범위하다. 좀 더 정확히 하려면 '퇴직과 은퇴 이후의 전반적 이직 활동에 대한 컨설팅 서비스'라고 할 수 있다. 아래의 표는 퇴직이나 은퇴 이후 우리가 할 수 있는 일의 영역을 정리한 것으로, 이 모든 영역이 컨설팅의 대상이 된다.

은퇴나 퇴직 이후 일의 방향*

취 업	은퇴나 퇴직 전까지 해온 일의 경험을 살려 유사 업종에 취업하거나, 새로운 업종과 관련된 교육을 받은 후 새 직장에 취업하는 경우이다.
창 업	전공을 살리거나 조직을 꾸려 자신이 대표가 되거나, 공동 대표 혹은 공동 출자로 일을 시작하는 경우다. 대개는 전직의 경험을 살려서 관련 업종에서 일을 시작하지만 전혀 새로운 업종에서 창업을 하기도 한다.
기 타	새로운 가치를 추구하거나 완전히 은퇴하는 경우다. 경제적인 문제로 일자리를 찾기보다는 자원봉사 등의 활동을 통해 삶의 가치를 찾거나 아예 모든 일을 내려놓기도 한다.

* 《다시 일하러 갑니다》, 인제이매니지먼트, 2012

이러한 서비스가 한국에 처음 도입된 것은 이른바 IMF 경제위기 시절인 1998년, DBM Korea가 처음 문을 열면서였다. 이후 '리핵트해리슨', '인제이매니지먼트' 등의 컨설팅 회사들이 등장하여 퇴직하는 개인의 심리적, 정서적 안정을 바탕으로 퇴직 이후의 삶을 효과적으로 준비할 수 있도록 각종 프로그램을 제공하고 있다.

전직 컨설팅 프로그램

프로그램은 보통 네 가지로 구성된다. 우선 교육/훈련 강좌가 있고, 잡 리드(Job Lead) 활동을 포함하는 정보 제공, 시설 공간의 제공 그리고 1:1 대면 컨설팅이다. 물론 고객사의 요청이 있거나 특별한 상황에서는 다른 프로그램을 보강하기도 한다. 일부 대기업 그룹에서 퇴직하는 임원 모두에게 전직 컨설팅을 받게 하는 프로그램도 있는데, 이런 경우에는 인문학이나 교양 강의, 바리스타 강의, 부동산 재테크에 귀농 체험까지 포함되기도 한다.

교육 강좌는 퇴직 후 기본적으로 알고 있어야 하는 행정사항부터 시작하는데, 실업급여 수령이나 건강보험, 국민연금을 퇴직 후 어떻게 처리해야 하는지 실무적인 행동요령을 안내한다. 변화관리에 해당되

는 개인 성향과 직업가치관 진단도 하고, 경력 목표를 세우는 생각의 틀을 같이 고민해 본다. 재취업을 하고 싶은 사람들은 이력서 작성법이나 SNS를 이용한 구직방안, 인터뷰 전략 강의도 들을 수 있다. 창업을 원하는 고객에게는 유용한 자격증을 안내하거나 창업에 대한 이해부터 시작해서 좀 더 세밀하게 재정상태의 점검, 점포 창업 시 확인사항에 대한 체크 리스트를 같이 작성한다. 공통적으로 주식시장에 대한 전망, 절세 상품 소개, 부동산 경매 과목도 있다. 이 모든 프로그램은 초빙된 그 분야의 전문가가 강의한다.

재취업에 대한 중요한 서비스는 '구인정보'다. 즉 어느 회사가 어떤 사람을 채용하려고 하는지에 대한 정보다.

주요 일간지에 커다랗게 나오는 'OO회사 비상임 감사' 구인공고는 어쩌면 이미 누군가 내정되어 있을 것 같은 불길한 생각이 들지 않는가? △△ 서치펌이 홈페이지에 올린 '대기업 경영지원본부장' 구인광고에는 이미 100명 이상이 지원을 했을 수도 있다. 구인정보는 그 성격에 따라 오픈 잡 포지션(open job position)과 히든 잡 포지션(hidden job position)이 있다. 요즈음 오픈 포지션은 공고가 뜨는 순간 지구상의 모든 사람이 다 알게 된다고 생각해도 된다. 그만큼 내가 당첨될 확률이 낮다.

반면에 히든 잡 정보는 일반에게 공개되지 않는 것으로, 기업이 내부 추천으로 진행하거나 서치펌이 획득한 구인정보를 기존 인적 네크워크로 해결하려고 외부에 공개하지 않는 정보를 말한다. 전직 컨설팅의 잡 리드 기능은 이러한 히든 잡 정보를 수집하여 고객에게 제공한다.

막상 회사를 떠나면 아침에 집을 나와도 갈 곳이 없다. 늦잠을 자고, 집안일 도와주는 시늉을 하는 것도 1~2주 정도 지나면 고달파진다. 대학생처럼 커피전문점에서 이어폰 끼고 노트북 컴퓨터 두들겨대는 것도 낯간지럽다. 프로그램의 하나는 컴퓨터가 갖춰진 부스나 맛있는 커피가 무료로 제공되는 휴게공간을 제공하여 인터넷으로 필요한 정보를 찾아본다든가 이력서를 작성한다든가 하는 작업을 타인의 눈치 보지 않고 할 수 있도록 해주는 것이다. '뭐 그런 것까지' 하는 사람이 있다면, 당신도 퇴직을 해보라. 당장 그 소중함과 편리함을 알게 될 것이다.

가장 중요한 것은 1:1 대면 컨설팅이다. 담당 컨설턴트와 최소한 일주일에 1회, 한 시간 대면 미팅을 할 수 있는데, 이 시간을 통해 그동안 전직 활동을 하면서 궁금했던 것들을 해결할 수 있다. 프랜차이즈 창업을 염두에 두고 있는 고객은 전문 창업 컨설턴트가 담당하고, IT분야 재취업을 원하는 사람은 그쪽 산업에 경험이 있는 컨설턴트가 맡게 된다. 고등학교 3학년이 족집게 과외를 받는 것과 유사하다고 생각하면 된다. 이 분야는 각 고객이 얼마만큼 성의를 갖고 컨설턴트를 활용하는가에 따라서 그 결과가 확연히 차이가 난다.

이런 프로그램 연수를 받으면 정말 효과가 있을까? 그냥 시간만 허송세월로 보내는 것이 아닐까? Lee Hecht Harrison(LHH)이라고 하는 세계 최대의 전직 컨설팅 회사가 2012년에 펴낸 자료에 따르면, 혼자서 퇴직 후 어려움을 극복하려는 '개인 플레이' 성향의 사람보다 프로그램 참여자가 두세 배 신속하게 그 목표를 달성했다.

아래의 도표는 미국에서의 통계 자료인데, 개인이 혼자서 경력 목표를 이루는 데는 평균 40.8주가 소요되었으나 LHH의 프로그램 이수자는 그 기간의 40%도 안 되는 15.4주 만에 목표를 이루었다는 내용이다(US LBS: US Bureau of Labor Statistics: 미국 노동통계국).

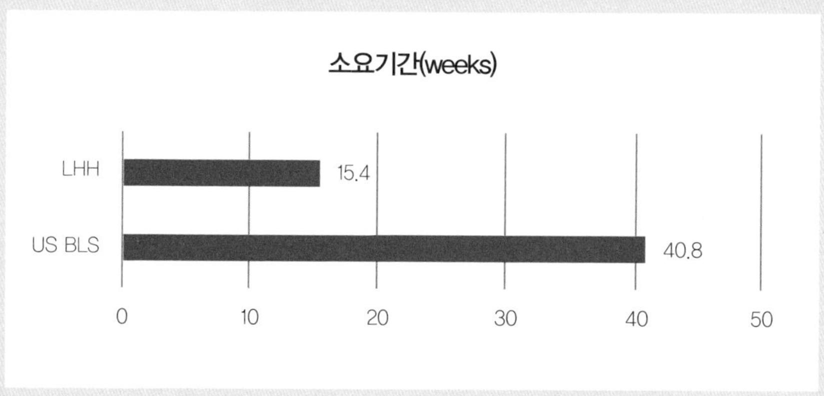

전직 컨설팅,
피하지 말고
누려라

독학으로 이른바 SKY 대학교도 가고, 토익 시험도 보고, 공무원 시험도 볼 수 있다. 하지만 효과적으로 공부하는 요령을 알 수 있다면 적은 노력으로 좋은 결과를 얻을 수 있기에 대치동 학원가가 생기고, 숱한 영어교습학원이 등장하고, 노량진 고시마을도 생기는 것이다. 하물며 '퇴직 후 전직'이라는 과정은 당신의 인생에서 기껏해야 한두 번 만나는 '이벤트'이니 당연히 경험도 없고, 알고 있는 노하우도 없다. 따라서 효과적인 방식이 무엇인지 알지 못하는 것은 당연하다.

그런데 아이러니컬한 것은 토익 시험을 보기 위해서는 학원 가는 것을 당연시하면서도 전직을 위해 학원을 가거나 과외공부를 받을 생각은 하지 않는

다는 사실이다. 이것이 훨씬 더 중요하고, 훨씬 더 어려운데도 말이다.

물론 퇴직자들의 상황은 잘 알고 있다. 주위 사람들에게 알리기 싫고, '성공하지 못함'을 누군가와 상담한다는 것이 껄끄럽기도 하다. 하지만 토익 시험, 공무원 시험은 여러 번 볼 수 있다. 그러나 '전직 시험'은 단 한 번만 볼 수 있다고 생각해야 한다. 따라서 시간적 제한이 분명히 존재한다.

시간을 절약하고, 효과적인 전직을 위하여 전직 컨설팅 서비스를 받아보기를 권유한다. 전직 컨설팅 서비스는 미국에서 1967년에 시작된 HR 컨설팅의 일종인데 한국에는 IMF 시절인 1998년에 도입이 되어 포스코에서 한국 최초로 생애설계 프로그램을 적용하였고, 전직 지원 서비스는 같은 해 P&G Korea를 대상으로 처음 제공되었다.

전직 컨설팅은 분명 커리어 코칭이나 헤드헌팅과 다르다. 전직을 바라는 퇴직자 편에서 서비스가 제공된다는 점에서는 코칭의 영역으로 볼 수 있으나, 구직을 돕는 잡 리딩(Job Leading)이라는 관점에서는 헤드헌터의 역할도 한다.

전직 컨설팅의 요체는 두 가지이다. 효과적인 변화관리(change management)와 개개인에 최적화된 전직(customized career transition)이다. 다시 말하면 변화관리를 통해 새로운 상황에 맞는 목표와 정서를 갖게 하는 회복력(resilience)을 함양하고, 그에 걸맞은 재취업/창업/생애설계를 꾸미도록 돕는 일이다.

전직 지원 전문 컨설턴트의 자격

어떤 사람이 컨설턴트를 하면 좋을까? 우선 소통능력과 표현능력이 좋아야 한다. 일반적인 컨설팅도 아니고 구조조정이나 정년퇴직 이후의 어려운 상황에 처한 '사람'을 대상으로 하는 컨설팅인 만큼 정확하고 적확하게 표현을 하고, 행간의 의미를 잘 읽어야 한다. 그리고 고객의 마음을 잘 헤아릴 줄 알아야 한다.

회사를 나온 사람은 별로 마음의 여유가 없다. 정서적으로 안정적이지도 못하다. 그냥 표현하면 알아듣기를 원한다. 컨설턴트는 매번 같은 상황에 처한 사람을 만나지만, 고객은 일생일대의 큰 사건을 겪고 있는 중이다. 일반 회사원이 평생 몇 번의 구조조정을 겪겠는가. 비자발적으로 퇴사를 해야 하는 경우가 몇 번이나 있겠는가. 한두 번 경험해봤다면 무척 힘든 시간을 보냈을 것임을 짐작할 수 있고, 정년퇴직 때까지 그런 경험이 없다면 정말 행복한 경우다.

컨설팅의 모든 결과는 보고서 작성으로 마무리된다. 아픈 마음으로 임직원을 내보낸 회사 입장에서는 퇴직자들이 어떻게 직장을 얻었는지, 회사에 대한 섭섭함은 없는지 매우 궁금하다. 따라서 시험관에 시약을 넣고 그 결과를 정량적으로 보고하는 수준이 아닌, 대단히 정성적인 보고서를 작성하게 된다. 수준급 문서 작성 능력을 필요로 한다.

인생의 경험치가 넓은 사람이면 우수한 컨설턴트가 될 확률이 높다. 말하자면 인생과 시사(時事)에 두루 경험이 있고, 정보와 지식이 풍부해야 한다는 말이다. 창업의 가장 큰 관건이 사업자금이 아니라 마누라의 반대라는 고객과 상담하려면 부부관계의 오묘함을 알아야 한다. 10년 이상 해외 주재 생활을 하는 바람에 귀국한 뒤 사내에 적절한 자리가 없어 회사를 나와야 하는 김 부장의 속마음을 어떻게 공감할 수 있겠는가?

러시아의 밀 수확이 흉년이면 왜 석유가격과 금값이 내려가는지, 어느 정도의 국제정세도 알아야 한다. A조선소가 10척의 선박을 수주하고도 도산을 맞이할 상황인데, B기업이 A조선소를 인수하면 3,200명의 일자리가 보전된다. 그런데 인수를 못하는 이유는 '선박금융' 때문이란다(조선일보 2016년 6월 7일 B1면). 이게 무슨 말이지?

구조조정의 배경을 고객이 열심히 설명하는데 그냥 열심히 고개를 끄덕이고 있는 것도 하루 이틀이다. 열심히 공부하고 견문을 넓혀야 좋은 컨설턴트가 될 수 있다.

회사생활을 충분히, 그것도 가능하면 어느 정도 규모가 되는 기업이나 큰 조직에서 일한 경험이 있다면 도움이 된다. 회사라는 조직에서 벌어질 수 있는 온갖 상황을 이해할 수 있다면 컨설턴트로서 큰 장점이다. 고객은 회사에서 일하다가 다른 회사로 취업하든지 아니면 본인이 직접 회사에 준하는 조직을 조만간 만들 텐데, 회사생활에서 눈물 젖은 빵을 씹어본 사람과 아닌 사람과는 컨설팅 인사이트(insight)에서 큰 차이가 난다.

경영용어라는 것이 있다. 기업체에서 쓰이는 인하우스 터미놀로지(in-house terminology)라고 생각하면 된다. '부장 보고'가 부장에게 보고하는 것인지 부장이 보고하는 것인지 어떻게 구별하는가? '아웃도어 액티비티'가 골프를 의미하는가 아닌가? 회계경리에서 A/R은 무엇이고, A/P는 무엇인가? 수출회사에서 '해외시장 개척비'는 어떤 용도의 계정인가?

여기에다 일반적인 조직의 업무영역도 잘 이해하고 있어야 한다. 납품 후 대금을 받으려면 재무팀이 결제해야 하는지 구매팀이 결제해야 하는지 무엇을 보고 알 수 있는가? 부서 평가는 기획팀이 하는가 인사팀이 하는가? 세일즈와 마케팅은 무엇이 다른가? 회사 업무에 녹아 들어 있는 고객의 애환을 이해하여 주는 순간 컨설턴트와 고객 사이에 라포(rapport: 친밀한 관계)는 쉽게 형성된다.

마지막으로 사고와 행동의 유연성이다. 정형적인 고객은 존재하지 않는다. 견문이 넓고, 회사생활 경험이 많아도 맞춤 서비스를 제공하지 못하면 곤란하다. 보통 대면 상담은 1주일에 1회를 기본으로 하고 있다. 그런데 김 상무는 다른 서비스는 필요 없고 사무공간만 석 달 쓰겠다고 한다. 왜 그럴까? 알고 보니 퇴직 전부터 쓰고 있었던 수필집을 탈고하기 위해 조용한 공간이 필요했던 것이다.

박 부장은 마지막 한 달은 면담 서비스가 필요하지 않으니 대신 첫 번째 달에 10회 이상의 면담을 하자고 했다. 왜 그럴까? 퇴직 전후로 세 군데 면접이 예정되어 있어서 집중 상담이 필요했다.

현재 인제이매니지먼트에는 규모 면에서 국내 최대인 70여 명의 전문 컨설턴트가 있다. 질적인 면으로도 매우 우수해서 90%가 상담심리학, 경영학 등을 전공한 석사, 박사다. 다수의 프로젝트에 참여하면서 평균 10년 이상의 경력을 갖고 있다. 본인이 퇴직이라는 어려운 일에 봉착한 사람들을 돕고, 또한 자질이 이런 일에 적합하다고 생각한다면 언제든지 지원하기 바란다.

(홈페이지: www.injmanagement.com)